AF402363

GUIDE

DES MEMBRES

DES

CONSEILS DE DISCIPLINE,

DE RECENSEMENT ET DE RÉVISION,

ET DU JURY DE RÉVISION

DE ~~[illegible]~~

LA GARDE NATIONALE;

OU

RECUEIL ET ANALYSE DES LOIS ET RÈGLEMENS

SUR

LES DROITS, LES DEVOIRS, LE SERVICE ET LA DISCIPLINE.

DES GARDES NATIONAUX,

FAISANT SUITE

AU GUIDE DES JUGES MILITAIRES;

PAR J.-B. PERRIER,

AUTEUR DU GUIDE DES JUGES MILITAIRES,
LICENCIÉ EN DROIT, MEMBRE DE PLUSIEURS SOCIÉTÉS
SAVANTES.

PARIS,

ANSELIN, SUCCESSEUR DE MAGIMEL,

LIBRAIRE POUR L'ART MILITAIRE, LES SCIENCES ET LES ARTS,

RUE DAUPHINE, Nº 9.

1831.

Tous les exemplaires doivent être signés par l'Auteur.

IMPRIMERIE DE LACHEVARDIERE,
RUE DU COLOMBIER, N° 30.

INTRODUCTION.

Le succès qu'a obtenu notre *Guide des juges militaires*, ou *Recueil et analyse de toutes les lois pénales militaires*, nous a déterminé à rédiger sur le même plan, pour la garde nationale, un *Guide des membres des conseils de discipline, de recensement, de révision, et de jury de révision* ; il pourra être considéré comme la suite ou seconde partie du *Guide des juges militaires,* et en être séparé pour les personnes qui voudront l'avoir seul. Cet ouvrage deviendra presqu'indispensable pour les offi ciers de la garde nationale. La loi du 22 mars 1831, appelle dans les conseils de discipline, de recensement, dans le jury de révision, beaucoup de citoyens étrangers jusqu'à présent, au moins la plupart, aux fonctions dont ils vont être chargés ; d'ailleurs, le temps qu'ils consacrent à leurs occupations particulières, joint à celui qu'exigent leur service ordinaire proprement dit et les exercices nécessaires pour le perfectionnement de la manœuvre, ne permettra guère qu'à un petit nombre d'entre eux de s'appesantir sur le détail des fautes de discipline, que commettront les gardes nationaux, sur leur nuance, sur la diversité des peines à leur infliger ; sur la qualité des membres des divers conseils créés par cette loi, sur la forme de procéder de ces conseils, sur leur compétence, sur les motifs d'exemption et de remplacement, et sur les dispenses de service. Nous avons craint que l'exposé seul de la loi, même avec la citation par renvoi, des articles des autres lois relatives à celle-ci, n'éclairât pas assez les personnes qui, n'ayant à s'occuper que des objets à traiter dans les conseils dont ils feront partie, ou auxquels ils auront affaire, se trouveraient obligées de chercher dans toute la loi les articles qui les concernent; et pour cela de la lire tout entière. Pour remédier à cet inconvénient, nous avons suivi pour la garde nationale le même plan que celui que nous avons adopté dans le *Guide des juges militaires.*

Dans notre analyse, nous avons réuni chaque matière de même nature, et nous l'avons épuisée en y comprenant tout ce qui tient au service et à l'organisation; à ce qui concerne chaque conseil de recensement ou de discipline ou jury de révision, et nous avons cité en marge l'article de la loi qui a rapport à notre exposé. Nous y avons fait placer à la suite le texte de la loi du 22 mars 1851 et ceux des articles du Code qui y ont rapport, plus un tableau par ordre alphabétique divisé en colonnes des objets qu'on doit connaître, avec renvoi à l'article de la loi, et à la page de notre analyse qui traite du même sujet.

Enfin, comme dans le *Guide des juges militaires,* il y a un tableau, également par ordre

alphabétique et par colonne, de toutes les infractions à la discipline; et dans la colonne suivante, l'indication de la peine à infliger au délinquant pour cette faute ; avec le renvoi à l'article de la loi qui a prononcé cette peine et
l'indication de l'autorité qui doit la prononcer.

A l'aide de ce guide, chaque garde national,
chaque officier ou sous-officier de la garde nationale, sans en excepter ceux de la garde nationale organisée en corps détachés, connaî-
tront promptement et sans recherches pénibles
leurs droits, leurs devoirs, les fautes qu'ils doivent éviter, et les peines à infliger aux coupables. Nous ferons seulement remarquer,
pour ceux qui appartiendront à la garde nationale organisée en corps détachés, ou qui, sans y
appartenir, désireront connaître ses obligations,
qu'attendu que, d'après l'article 161 de la loi du
22 mars 1831, cette garde ainsi organisée est
soumise à la discipline militaire, à quelques
adoucissemens près, mentionnés au même article, il sera bon qu'ils se procurent la première partie de cet ouvrage, ou *Guide des juges militaires*, qui, avec cette seconde partie,
leur fera connaître tout ce qui est relatif à la
justice et à la discipline militaire, ainsi qu'aux
obligations et à la discipline de la garde nationale.

NOMENCLATURE ALPHABÉTIQUE
DES FAUTES DE DISCIPLINE
DE LA GARDE NATIONALE.

FAUTES.	PEINES.	ART. DE LA LOI du 22 MARS 1831.	AUTORITÉ QUI PRONONCE.
Abandon de ses armes avant d'être relevé du service.................	Prison, 2 jours au plus.	89	Conseil de discipline.
Récidive........................	— 3 jours........	ib.	
Abandon du service avant d'être relevé du service.............	Prison, 2 jours au plus, privation du grade..	89 et 90	Conseil de discipline.
Récidive.........................	— 3 jours........	ib.	
Abus d'autorité d'un officier.......	Arrêts ou prison, selon la gravité.........	87	Conseil de discipline.
Absence du poste sans autorisation.	Une faction hors de tour	82	Chef du poste.
Atteinte à la discipline ou à l'ordre public, par un officier.........	Réprimande avec mise à l'ordre..........	86	
Par un sous-officier, caporal ou garde national......................	Prison, 2 jours au plus.	89	Conseil de discipline.
Récidive..........................	— 3 jours........	ib.	
Bruit étant de service............	Prison au poste jusqu'à la relevée de la garde.	82	Chef du poste.
Désobéissance....................	Prison, 2 jours	89	Conseil de discipline.
Récidive.........................	— 3 jours........	ib.	
Emploi illégal de la force publique, par un chef de corps, de poste ou de détachement.	Emprisonnement, suspension du grade, et perte du grade du condamné.	93	Cour d'assises.
Infraction aux règles du service, par un officier (légère).............	Réprimande.........	85	
(Grave).........................	Arrêts ou prison......	87	Conseil de discipline.
Par un sous-officier ou garde national.	Réprimande.........	88	
Insubordination..................	Prison, 2 jours........	89	Conseil de discipline.
Récidive.........................	— 3 jours........	ib.	
Ivresse..........................	Prison, 2 jours........	89	Conseil de discipline.
Récidive.........................	— 3 jours........	ib.	
Manque de respect envers le supérieur étant de service.	Arrêts ou prison, selon la gravité.........	87	Conseil de discipline.
Manque à l'appel.	Faction hors de tour..	82	Chef du poste.
Manque au service pour la première fois............................	Une garde hors de tour.	83	Chef de corps.

NOMENCLATURE ALPHABÉTIQUE.

FAUTES.	PEINES.	ART. DE LA ROI du 22 MARS 1831.	AUTORITÉ QUI PRONONCE.
Manquement ou service commandé par un officier.................	Arrêts ou prison, selon la gravité..........	87	Conseil de discipline.
Offensans (propos) de la part d'un officier de service envers un supér.	Arrêts ou prison, selon la gravité..........	87	Conseil de discipline.
Outrageant (propos) de la part d'un officier envers un subordonné.....	Arrêts ou prison,......	87	Conseil de discipline.
Propos offensans , outrageans.......	Voyez les deux articles précédens.		
Provocation au désordre ou à la violence.	Prison au poste jusqu'à la relevée de la garde.	82	Chef du poste.
Refus d'obtempérer à une réquisition légale, de la part d'un chef de corps ou de détachement.............	Emprisonnement, suspension , perte du grade.	93	Cour d'assises.
Refus , pour la seconde fois, d'un service d'ordre ou de sûreté........	Prison, 2 jours au plus.	89	Conseil de discipline.
Refus triple du service en un an après deux condamnations............ Récidive.	Emprisonnement de 5 à 12 jours......... — de 10 à 20 jours.	92 ib.	Tribunal de police correctionnelle.
Tapage étant de service...........	Prison au poste jusqu'à la relevée de la garde.	82	Chef du poste.
Vente à son profit des armes ou effets d'équipement, confiés par l'État ou la commune.	Prison , restitution et amende.	91	Tribunal de police correctionnelle.
Voies de fait étant de service.......	Prison au poste , provisoirement , jusqu'à la relevée de la garde..	82	Chef du poste.

PEINES DE DISCIPLINE

POUR LES DÉTACHEMENS EN SERVICE ORDINAIRE,

FOURNIS D'APRÈS L'ART. 127 DE LA LOI DU 22 MARS 1831.

Pour les officiers.

Loi du 22 mars 1831, art. 133.

1° Les arrêts simples, pour dix jours au plus ;
2° La réprimande avec mise à l'ordre ;
3° Les arrêts de rigueur, pour six jours au plus ;
4° La prison, pour trois jours au plus.

Pour les sous-officiers, caporaux et soldats.

1° La consigne, pour dix jours au plus ;
2° La réprimande avec mise à l'ordre ;
3° La salle de discipline, pour six jours au plus ;
4° La prison, pour quatre jours au plus.

Autorités qui prononcent.

Art. 139.

Pour les arrêts de rigueur, la prison et la réprimande avec mise à l'ordre, le chef du corps seul.

Art. 135.

Pour les autres peines, tout supérieur peut les infliger à son inférieur, en en rendant compte dans les vingt-quatre heures à qui de droit, en observant la hiérarchie des grades.

Art. 136.

La privation du grade encourue d'après les articles 90 et 93 de la loi du 22 mars 1831, sera prononcée par le conseil de discipline.

Le refus d'obtempérer à la réquisition de faire partie de ce détachement, ou l'abandon de ce corps sans autorisation, est puni d'un emprisonnement d'un mois au plus, et de plus, de la privation du grade si le coupable en a un.

Ce fait sera dénoncé au tribunal de police correctionnelle.

Art. 161.

POUR LES CORPS DÉTACHÉS POUR LE SERVICE DE GUERRE.

Lorsqu'ils sont organisés, ils sont soumis à la discipline militaire. (Voir le *Guide des juges militaires*, première partie.)

Néanmoins, ceux qui refusent d'optempérer à la réquisition d'entrer dans ces détachemens sont punis d'un emprisonnement de deux ans au plus.

Ceux qui, hors la présence de l'ennemi, quittent ces corps sans autorisation, sont punis d'un emprisonnement de trois ans au plus.

GUIDE

DES

CONSEILS DE DISCIPLINE

DE

LA GARDE NATIONALE,

FORMANT LA SECONDE PARTIE

DU GUIDE DES JUGES MILITAIRES.

CHAPITRE PREMIER.

DISPOSITIONS GÉNÉRALES SUR LA GARDE NATIONALE.

—

SECTION PREMIÈRE.

De son institution et de ses devoirs.

La garde nationale, rempart de la liberté et de la tranquillité publique, est appelée, non seulement à défendre la royauté constitutionnelle, la Charte et les droits qu'elle a consacrés, à maintenir l'obéissance aux lois, et à assurer l'ordre et la paix; mais en outre, à seconder l'armée de ligne, pour la défense des frontières et des côtes, la conservation et l'indépendance de la France et l'intégrité de son territoire; ce qui, sous un certain aspect, la rapproche de

BIBLIOTHÈQUE R. F.

Loi du 22 mars 1831, art. 1. la troupe de ligne. Aussi regarde-t-on comme un délit contre la Constitution, toute délibération prise par la garde nationale sur les affaires de l'État du département et de la commune. Quant à ses devoirs, le service qui lui est imposé se divise en service intérieur, qui a lieu dans la commune, en service de détachement, hors la commune, et en service de corps détachés pour seconder l'armée de ligne; mais ce dernier service n'a lieu que pour l'exécution du devoir sacré imposé, comme nous l'avons dit, à cette garde, de défendre l'indépendance de la France et l'intégrité de son territoire.

Art. 4. Les gardes nationales sont établies par commune; le roi, seul, peut les organiser en bataillons cantonnaux, et quoique l'institution de cette garde soit permanente, il peut, pour cesrtains lieux déterminés, la suspendre et même la dissoudre. Mais à dater de cette dissolution, ou de cette suspension, dans le délai d'un an elle doit être réorganisée, s'il n'intervient une loi qui proroge ce délai.

Art. 5. Le préfet peut également la suspendre provisoirement pendant deux mois, dans le cas où elle résisterait aux réquisitions légales des autorités, ou qu'elle s'immiscerait dans des actes qui lui sont interdits.

Art. 6. Les seules autorités dont dépende la garde nationale, sont le maire, le sous-préfet, le préfet, le ministre de l'intérieur; excepté cependant les cas déterminés où elle serait appelée sous les ordres de l'autorité militaire.

Il est défendu aux citoyens de prendre les armes, ou de s'assembler en garde nationale, sans l'ordre des chefs immédiats, qui ne peuvent le donner que sur une réquisition de l'autorité civile, dont il sera donné communication à la troupe citoyenne. Comme il est important que nul acte de sévérité ne soit mis en usage inconsidérément, aucun officier ou commandant ne pourra, et ce, sous sa responsabilité personnelle, faire sans une réquisition précise, distribuer des cartouches aux citoyens armés.

Loi du 22 mars 1831, art. 7.

Art. 8.

SECTION II.

De l'obligation de servir.

La garde nationale, instituée en vertu de l'article 69 de la Charte, qui consacre aux gardes nationaux, leur intervention dans le choix de leurs officiers, se compose de tous les Français, sauf les exceptions, dispenses, exemptions et exclusions dont nous parlerons plus bas. On entend par Français, tout individu né en France, de parens français; mais tout enfant né en pays étranger, d'un Français qui aurait perdu cette qualité, peut, en se conformant aux formalités prescrites par le Code civil, redevenir Français.

Art. 2.

Parmi tous les Français qui sont inscrits sur les contrôles de la garde nationale dans le lieu de leur domicile réel (1), tous ceux qui sont âgés de vingt ans à soixante, ans sont tenus à un service obligatoire et personnel, sauf les excep-tions légales ; on peut même y appeler les étran-gers jouissant de leurs droits, d'après l'article 13 du Code civil, lorsqu'ils ont en France une pro-priété, ou qu'ils y ont formé un établissement.

D'où il suit que, sans aucune exception, quel que soit son état, sa position personnelle, la variation de sa résidence, tout Français non compris dans les dispenses, incompatibilités ou exemptions que nous allons détailler, est tenu à s'inscrire, et à faire le service en per-sonne, s'il a atteint vingt ans accomplis, qu'il n'ait pas soixante ans d'âge, et qu'il soit porté sur le contrôle du service ordinaire.

SECTION III.

Des dispenses.

Il faut distinguer,

1° Ceux avec les fonctions desquels le ser-vice de la garde nationale est incompatible ;

2° Ceux qui ne sont pas appelés au service ;

3° Ceux qui en sont exemptés ;

4° Ceux à qui le service est interdit ;

5° Ceux qui en sont exclus.

Or le service de la garde nationale est in-

Loi du 22 mars 1831, art. 9.

Art. 27.

(1) On appelle domicile réel celui où l'on habite réellement et où l'on paie sa contribution personnelle. Si l'on a plusieurs éta-blissemens, le domicile est au principal. Dans tous les cas, après avoir opté pour un domicile, il faut justifier aux autres qu'on y remplit ses devoirs de garde national.

compatible avec les fonctions des magistrats qui ont le droit de requérir la force publique : ces magistrats sont les procureurs-généraux, les procureurs du roi, les juges d'instruction, les juges de paix, les officiers de gendarmerie, les commissaires de police, les maires et les adjoints.

Loi du 22 mars 1831, art. 11.

N'y sont point appelés, les ecclésiastiques engagés dans les ordres, les élèves des grands séminaires et des facultés de théologie et tous les ministres des différens cultes;

Art. 12.

Les militaires des armées de terre et de mer, les administrateurs ou agens commissionnés des services de terre ou de mer en activité de service;

Les ouvriers des ports et arsenaux et des manufactures d'armes organisés militairement;

Les officiers sous-officiers et soldats des gardes municipales et autres corps soldés; les préposés des services actifs des douanes, des octrois, des administrations sanitaires, les gardes-champêtres et forestiers.

Il faut remarquer, à l'occasion de ce paragraphe, que les commis et employés des bureaux de la marine, au-dessous du grade de sous-commissaires ne sont pas compris au nombre des hommes non appelés.

Sont exemptés de ce service:

Les concierges des maisons d'arrêt, les geôliers, les guichetiers et autres agens subalternes de justice et de police.

Art. 13.

Le service est interdit :

Aux individus privés de l'exercice des droits civils d'après les lois. Il faut, à cet égard , considérer qu'indépendamment de la privation des droits civils qu'emportent les peines auxquelles la loi a attaché cet accroissement de châtiment, l'article 17 du Code civil enlève le titre de Français à celui qui, sans l'autorisation du roi, occupe des fonctions publiques à l'étranger, et que l'article 21 frappe de la même interdiction tout Français qui sans la même autorisation prend du service militaire chez l'étranger.

Enfin, sont exclus de la garde nationale, les condamnés à des peines afflictives ou infamantes : or, les peines à la fois afflictives et infamantes sont la mort, les travaux forcés à perpétuité , la déportation, les travaux forcés à temps, la réclusion; et les peines seulement infamantes , sont le carcan, le bannissement, la dégradation civique.

En sont également exclus les condamnés en police correctionnelle pour vol, escroquerie, banqueroute simple, abus de confiance, pour soustractions commises par des dépositaires publics, et pour attentats aux mœurs prévus par les articles 331 et 334 du Code pénal, c'est-à-dire pour crime de viol, ou attentat à la pudeur commis avec violence, ou attentat aux mœurs en facilitant la débauche de la jeunesse.

Le texte de la loi ne permet pas d'appliquer cette exclusion à ceux qui passeraient seulement pour avoir commis ces délits; on ne peut en invoquer la rigueur que contre ceux qui ont été frappés comme tels par un jugement.

Sont encore exclus :

Les vagabonds et les gens sans aveu ; mais il faut encore ici insister sur ce qu'il ne suffit pas alors que la rumeur publique accuse un homme d'être vagabond, il faut qu'il ait été condamné comme tel par jugement.

6° Ne seront pas portés sur les contrôles du service ordinaire de la garde nationale, les domestiques attachés au service de la personne. Il suit de cet énoncé que tout fermier, jardinier, métayer, apprenti, commis, ouvrier, ayant atteint l'âge de vingt ans, s'il est fils d'un homme imposé à la contribution personnelle, ou qu'il y soit imposé lui-même, devra faire le service ordinaire. *Loi du 22 mars 1831, art. 20.*

7° Sont dispensées du service ordinaire les personnes qu'une infirmité met hors d'état de le faire. *Art. 29.*

8° Peuvent s'en dispenser, nonobstant leur inscription : *Art. 28.*

1° Les membres des deux chambres ;

2° Les membres des cours et tribunaux ;

3° Les anciens militaires, qui ont cinquante ans d'âge et vingt ans de service ;

4° Les gardes nationaux ayant cinquante-cinq ans d'âge ;

5° Les facteurs de la poste aux lettres, les agens de lignes télégraphiques et les postillons de l'administration des postes reconnus nécessaires au service.

Les dispenses indiquées dans ces cinq numéros, qui ne devront être prononcées que sur la demande et sur le désir manifesté des parties intéressées, ne pourront être accordées, ainsi que celles pour infirmités, et même les dispenses temporaires, demandées pour le service public, ou pour absence constatée, que par le conseil de recensement dont nous parlerons plus bas, et le seront au vu de pièces probantes.

Loi du 22 mars 1831, art. 29.

En cas d'appel le jury de révision statuera.

SECTION IV.

Du remplacement.

De ce que le service de la garde nationale est obligatoire et personnel, il suit que le remplacement est interdit pour le service ordinaire, si ce n'est entre proches parens, savoir : du père par le fils ; du frère par le frère ; de l'oncle par le neveu, et réciproquement, ainsi qu'entre alliés aux mêmes degrés, quel que soit le bataillon ou la compagnie auxquels appartiennent les parens ou alliés.

Art. 27.

Les gardes nationaux de la même compagnie, non parens, peuvent échanger leur tour de service : tel est le vœu de l'article 27 de la loi du 22 mars 1831.

SECTION V.

Des registres et contrôles.

Registre-matricule d'inscription.

Il y a un registre-matricule d'inscription établi dans chaque commune, sur lequel sont inscrits tous les Français appelés au service de la garde nationale. Pour le former, le maire dresse des listes de recensement qui sont déposées au secrétariat de la mairie, et dont les citoyens peuvent prendre connaissance. Loi du 22 mars 1831, art. 15.

SECTION VI.

Du contrôle du service ordinaire.

Après l'établissement du registre-matricule, il est formé un contrôle de service ordinaire comprenant tous les citoyens jugés capables de concourir au service habituel de la garde nationale. Art. 19.

Ne pourront être portés sur ce contrôle, que les Français imposés à la contribution personnelle et leurs enfans lorsqu'ils ont atteint l'âge fixé par la loi ; et dans ce moment, ceux des gardes nationaux qui sans être imposés à la contribution personnelle, ont fait le service de la garde nationale depuis le 1er août 1830 et ont manifesté le désir de le continuer

Ne seront pas compris sur ce contrôle, les domestiques attachés au service de la personne; ce qui comprend, comme nous l'avons dit, les domestiques des villes, les portiers, les gens de peine. Mais tout individu qui consacre ses travaux à l'agriculture, ou qui est employé dans une entreprise, ou dans une exploitation d'industrie où il paye sa contribution personnelle, ne peut être privé de son inscription sur le contrôle du service ordinaire, ni par conséquent s'en dispenser.

SECTION VII.

Du contrôle de réserve.

Il y aura aussi un contrôle de réserve, destiné à comprendre tous les citoyens extraits du registre-matricule pour lesquels le service habituel serait une charge trop onéreuse, et que les autorités administratives et autres, auxquelles la loi confère ce droit, ne croiront devoir requérir que dans les circonstances extraordinaires. Les gardes nationaux qui se trouvent portés sur ce contrôle ne sont pas autorisés à se faire délivrer des armes, et ne doivent en obtenir que lorsqu'ils sont tenus de passer sur le contrôle du service ordinaire, ou que, d'après la loi, on les appelle à faire partie des corps détachés.

Loi du 22 mars 1831, art. 69 et 160.

Le contrôle de réserve doit être considéré comme un tableau d'ordre sur lequel on inscrit à la suite des compagnies ou subdivisions de compagnies de service ordinaire, ceux qui par suite et au besoin devront être incorporés dans ces compagnies ou subdivisions de compagnies.

CHAPITRE II.

DES CONSEILS ET JURYS.

SECTION PREMIÈRE.

Du conseil de recensement.

Il y a au moins un conseil de recensement par commune, dans les communes rurales. Mais dans les villes qui ne forment pas plus d'un canton, les fonctions de ce conseil seront remplies par le conseil municipal, présidé par le maire. Loi du 22 mars 1831, art. 13.

Quand il y a plusieurs cantons dans une ville, le conseil municipal peut s'adjoindre un certain nombre de personnes choisies à nombre égal, dans les divers quartiers, parmi les citoyens appelés à faire le service de la garde nationale.

Ces personnes et le conseil municipal peuvent se subdiviser, suivant les besoins, en autant de conseils de recensement qu'il y a d'arrondissemens; l'un de ces conseils est présidé par le maire, et chacun des autres par l'adjoint ou un membre du conseil municipal, délégué par le maire.

Le nombre des membres de ce conseil est au moins de huit.

Il est évident que quand il faut subdiviser les conseils de recensement, et s'adjoindre des citoyens, c'est le conseil municipal entier qui,

2.

émet son vœu et fait son choix, à la majorité des voix pour cette adjonction ; et que s'il s'en rapporte au choix du maire, c'est une pure déférence qui doit être ratifiée par l'approbation formelle ou tacite de ce conseil municipal.

A Paris, il y a douze conseils de recensement c'est - à-dire, un par arrondissement. Il est aussi composé de huit membres, mais ils sont tous choisis par le maire à qui la loi confère la présidence de ce conseil.

SECTION II.

Des opérations du conseil de recensement.

Loi du 22 mars 1831, art. 16 et 17.

C'est au conseil de recensement à procéder à la révision des listes formées par le maire, et à tenir la main à l'établissement du registre-matricule qui doit les comprendre.

Un second devoir qui lui est imposé par la loi consiste à ce qu'au mois de janvier de chaque année il inscrive au registre-matricule les jeunes gens qui ont atteint l'âge de vingt ans pendant l'année précédente, ainsi que les Français qui ont nouvellement acquis leur domicile dans la commune. Quant aux Français qui, pendant le cours de la même année, seront entrés dans leur soixantième année, le conseil de recensement les rayera du registre-matricule, ainsi que tous ceux qui auront changé de domicile ou qui seront décédés. Pour cette inscription, le travail s'effectue en prenant les noms de tous les individus qui, au 31 décembre de l'année précédente, ont atteint leur vingtième année, en les inscrivant au registre-matricule, et en les portant suivant les circonstances et d'après ce que nous avons indiqué plus haut, ou sur le contrôle du service ordinaire, ou sur le contrôle de réserve.

Quant au changement de domicile, il s'opère par le fait d'une habitation réelle dans un autre lieu, joint à l'intention d'y fixer son principal établissement; et l'on prouve cette intention par une déclaration faite à la municipalité du lieu que l'on quitte, et à celle du lieu où l'on transfère son domicile; faute de déclaration expresse, la preuve de l'intention dépend des circonstances. Les majeurs, qui servent ou travaillent habituellement chez autrui, ont le même domicile que la personne qu'ils servent ou chez laquelle ils travaillent, lorsqu'ils demeurent dans la même maison. Ainsi le porte le code civil.

Le conseil de recensement, au vu des pièces justificatives, prononce encore, s'il y a lieu, les radiations qui ont dû être portées au registre-matricule, non seulement pour décès et changement de résidence, mais aussi pour incompatibilité, pour non-appel au service, pour exemption, et pour exclusion. *Loi du 22 mars 1831, art. 29.*

Il fait la répartition en compagnies, ou en subdivision de compagnie, des gardes nationaux inscrits sur le contrôle du service ordinaire. Il s'occupe de choisir les artilleurs *Art. 32 et 39.*

parmi les gardes nationaux qui se présentent volontairement, et qui réunissent, autant que possible, les qualités exigées pour entrer dans cette arme, telles que celles d'être robustes et d'une taille convenable, et sachant lire et écrire; on doit préférer, à titres égaux, ceux qui exercent une profession mécanique.

Loi du 22 mars 1831, art. 40. Il forme, s'il est possible, des compagnies ou subdivisions de compagnies de sapeurs-pompiers volontaires, qui ne cessent pas de faire partie de la garde nationale; mais cette formation a lieu seulement quand il n'existe pas de corps soldé de sapeurs-pompiers. On doit préférer, pour admettre dans ces compagnies, les anciens officiers et soldats du génie militaire, des ponts et chaussées et des mines, et des ouvriers d'art.

SECTION III.

Du jury de révision.

Art. 43. Le jury de révision est composé du juge de paix, président, et de douze jurés désignés par le sort, sur la liste de tous les officiers, sous-officiers, caporaux et gardes nationaux sachant lire et écrire, âgés de plus de vingt-cinq ans. Il se forme dans chaque canton, à la diligence du juge de paix. Pour parvenir à cette formation, il est dressé une liste par commune, de tous les officiers, sous-officiers, caporaux et gardes nationaux. Le tirage définitif des jurés qui se fait pour tout le canton, sur l'ensemble des listes des diverses communes du canton, a lieu en audience publique, et est opéré par le juge de paix. Il y a incompatibilité entre les fonctions de jurés de révision et celles de membres du conseil de recensement: enfin, ce jury doit nécessairement être renouvelé tous les six mois. Loi du 22 mars 1831, art. 24.

C'est en quelque sorte un tribunal d'appel relativement au conseil de recensement. Il est chargé de prononcer en dernier ressort. Voilà pourquoi les fonctions de ces deux corps sont incompatibles.

La loi, ayant prescrit de faire le tirage des jurés de révision en audience publique, s'il se faisait ailleurs, la nomination serait nulle de plein droit. Pour la faire prononcer, ou plutôt pour empêcher qu'un jury produit par cette infraction à la loi ne passât outre, attendu que la garde nationale est placée sous l'autorité administrative, et pour chaque département, sous celle du préfet, ce serait à ce fonctionnaire public à déclarer nul un pareil tirage du jury, et à faire prononcer ultérieurement, s'il était nécessaire. C'est donc à l'autorité administrative que l'on doit s'adresser si l'on enfreint la loi dans cette circonstance; il en serait de même si l'on négligeait de renouveler les jurés tous les six mois.

SECTION IV.

Des attributions du jury de révision.

Loi du 22 mars 1831, art. 25.

Le jury de révision prononce sur les réclamations relatives : à l'inscription, ou à la radiation sur tous les registres-matricules, rédigés en exécution de l'article 14 de la loi du 22 mars 1831.

C'est également lui qui prononce relativement à l'inscription ou à l'omission des noms sur le contrôle du service ordinaire ; il statue aussi en cas d'appel, sur les dispenses de services accordées ou refusées en conformité des articles 28 et 29 de la loi, d'après les fonctions, les anciens services, l'âge et même les infirmités d'un garde national, enfin sur l'importance des motifs allégués pour obtenir une dispense temporaire en raison d'une absence.

Art. 54.

Il décide sans recours, sur toutes les réclamations portées devant lui, relativement à l'inobservation des formes prescrites pour l'élection des officiers et sous-officiers, d'après les articles 51 et 52 de la loi du 22 mars 1831. Puisque la décision du jury de révision est prononcée sans recours, aussitôt après qu'elle est manifestée, elle doit recevoir son exécution.

Dans certaines circonstances, comme nous le verrons plus bas, un garde national, condamné soit par le conseil de discipline de cette troupe, soit par la police correctionnelle, est susceptible d'être rayé, pendant un an, du ta-

bleau servant à former le conseil de discipline. Loi du 22 mars 1831, art. 109.
S'il arrivait qu'on eût négligé de prononcer cette
radiation quand elle doit avoir lieu, tout garde
national est apte à réclamer, pour l'intérêt du
corps et le maintien de la discipline, l'exécution de la loi; alors c'est devant le jury de révision qu'il doit en former la demande; c'est
aussi devant ce jury que doit être portée la
réclamation de l'homme qui, frappé de cette
mesure de sévérité, devra être réintégré sur le
tableau.

D'après les articles 141, 142 et 143 de la
loi précitée, le conseil de recensement de
chaque commune fait, à des conditions détail-
lées dans ces articles, la désignation des gardes
nationaux qui doivent former des corps détachés.

Toutes les réclamations qui s'élèvent sur Art. 146.
la régularité de cette désignation sont portées
devant le jury de révision, qui statue ce que de
justice.

SECTION V.

De la forme de procéder du jury de révision.

Pour que les actes du jury de révision soient Art. 26.
légaux, et par conséquent susceptibles de recevoir leur exécution, il faut que ce jury soit
composé au moins de sept membres présens,
y compris le président.

Quant aux décisions de cette espèce de tribunal, il faut qu'elles soient prises à la majo-

rité absolue; tel est le vœu de l'article 26. Il est évident que la majorité absolue se composant de la moitié des membres plus un, s'il arrivait qu'ils se trouvassent sept avec le président, en cas d'égalité de voix celle du président ne serait pas prépondérante.

Le même article portant textuellement que les décisions ainsi prises à la majorité absolue ne sont susceptibles d'aucuns recours, comme il s'agit d'ailleurs d'une organisation et d'une opération purement administrative, nous partageons l'opinion de ceux qui croient que dans ce cas la décision du jury, non plus que les opérations du tirage prescrit par l'article 24 de la loi, ne peuvent pas être déférées à la cour de cassation, même sous prétexte de violation de forme.

SECTION VI.

Du conseil de révision.

Loi du 22 mars 1831, art. 148. Il faut se garder de confondre le jury de révision, dont nous venons de détailler l'organisation et les attributions, avec le conseil de révision.

Celui-ci est composé de sept membres, savoir :

Le préfet président, et à son défaut un conseiller de préfecture, délégué par le préfet.

Trois membres du conseil de recensement désignés également par le préfet;

Le chef de bataillon;

Deux capitaines nommés par le général commandant la subdivision ou le département ;

Ce conseil réuni dans le lieu où se forme un bataillon des corps détachés de la garde nationale, est destiné à prononcer sur l'aptitude au service de ces corps, sur la taille des hommes appelés, sur les infirmités ainsi que sur les motifs d'exemption relatifs au nombre d'enfans.

Nous pensons qu'il suffit ici de rappeler ce conseil de révision, et de renvoyer, sur ce qui le concerne, au texte même de la loi, articles 148 et 149.

La discipline et les conseils chargés de la maintenir, étant l'objet principal de notre travail, nous n'avons parlé des droits et des devoirs de la garde nationale, et enfin des conseils de recensement et du jury de révision, que parce qu'il y a de la connexion entre leurs opérations et celles des conseils chargés de s'occuper de réprimer les torts des premiers conseils ou les infractions faites à leurs décisions.

CHAPITRE III.

DES CONSEILS DE DISCIPLINE.

—

SECTION PREMIÈRE.
De la discipline en général.

Nous ferons d'abord observer que la loi a voulu qu'il y ait une nuance différente entre la manière de punir les gardes nationaux qui enfreignent la discipline, selon qu'ils font partie de la garde nationale ordinaire non détachée, ou de détachemens en service ordinaire, ou enfin de corps détachés comme auxiliaires de l'armée. Après avoir traité de la discipline en général et de ce qui y est relatif, nous nous occuperons successivement des trois nuances que nous venons d'indiquer.

Aucune portion de la force publique ne peut subsister sans discipline, c'est elle qui donne aux corps militaires une direction toujours utile à l'état ; et si la discipline est pour toute force armée une condition même de son existence, celle de la garde nationale doit être maintenue avec d'autant plus de soin qu'elle est moins sévère, et qu'elle n'agit que par intervalles sur des citoyens qui sont habituellement soumis à la loi commune.

Les gardes nationaux, dans le service ordinaire pour l'intérieur, et pendant sa durée, demeurent soumis aux lois, règlemens et usages militaires indiqués par la loi ; les chefs de poste sont munis de l'autorité nécessaire pour maintenir leurs subordonnés dans l'obéissance, et leur faire observer les règles de la subordination et du service ; ils peuvent, pour les cas qui le requièrent, employer les moyens de répression indiqués par les articles 82 et 83 de la loi du 22 mars 1831 : mais ils ne peuvent pas leur infliger les peines que la même loi et les règlemens sur la garde nationale mettent au rang des punitions de discipline ; ils doivent se borner, dans un rapport, à constater les fautes qui donnent lieu d'appliquer ces punitions ; enfin cette application ne peut être faite que par les conseils de discipline établis par la même loi ; et s'il intervenait des crimes ou des délits proprement dits, et qui ne soient pas particularisés dans le paragraphe 1er de la section 8 de la loi du 22 mars 1831, les gardes nationaux ne sont plus justiciables que des tribunaux ordinaires. Ces principes sont conformes à l'ancienne et à la nouvelle législation.

Anciennement c'était la loi du 14 octobre 1791, articles 15, 16, 17, 18, section 5, qui avait créé des conseils de discipline pour la garde nationale, déterminé leur compétence, et renvoyé devant les juges ordinaires les délits tout militaires qui excèdent cette compétence; un arrêté du 13 floréal an 7, chapitre 7, renfermait des dispositions sur les oppositions à former contre les décisions des conseils de discipline ; les décrets des 12 novembre 1806 et 3 avril 1813 avaient réglé la compétence des mêmes conseils de discipline, et portaient que leurs décisions seraient, au besoin, exécutées par l'autorité administrative ; une instruction du 21 novembre de la même année entrait dans de grands détails sur les opérations des conseils de discipline de la garde nationale ; un règlement du 16 juillet 1814, et l'article 35 de l'ordonnance royale du 17 juillet 1816, fixaient aussi et restreignaient, sous le rapport des peines, la juridiction des conseils de discipline ; enfin une ordonnance royale du 6 février 1822, et une instruction sur les conseils de discipline de la garde nationale, visé dans l'ordre du jour du 4 septembre 1830, entrent dans les plus grands détails sur la législation relative à la discipline de la garde nationale, sur l'organisation des conseils de discipline, sur leur compétence, sur la procédure à instruire devant ces conseils, et sur l'exécution de ces jugemens.

On pourra consulter tous ces documens, et les considérer comme des indications de la marche à suivre pour les circonstances et les cas semblables ; mais attendu que la nouvelle loi, et surtout le paragraphe 3, section 8, indique la marche à suivre par les conseils de discipline, et l'instruction à diriger devant les membres qui les composent, et que l'article 162, qui, pour le service et l'administration des gardes nationales, n'a abrogé que les lois en opposition avec celle-ci, a, pour l'organisation et la discipline, abrogé formellement toutes les lois, décrets et ordonnances y relatives, on ne peut plus suivre les lois et règlemens cités plus haut qu'en ce qu'ils ont de semblable et d'analogue à la loi du 22 mars 1831, c'est ce qui nous a déterminé à ne les point faire imprimer ici. Il suffira de consulter cette nouvelle loi attentivement, de se pénétrer du développement que nous allons donner à ses dispositions, et surtout de bien se persuader que dans le doute sur la manière d'entendre une loi ; il faut se décider pour le parti le plus doux, et consulter ensuite l'autorité supérieure.

Nous allons en conséquence nous occuper des divers conseils de discipline créés par la loi, en commençant par ceux de la garde nationale en service ordinaire, non détachée; nous passerons à ceux de la garde nationale en détachemens fournis pour le service ordinaire, enfin de la discipline des corps détachés comme auxiliaires de l'armée.

SECTION II.

Des conseils de discipline et de leur existence.

1° Il y a un conseil de discipline par bataillon communal ou cantonnal. *Loi du 22 mars 1831 , art. 94.*

2° Un par commune ayant une ou plusieurs compagnies non réunies en bataillon.

3° Un par compagnie formée de gardes nationaux de plusieurs communes.

Loi du 22 mars 1831, art. 95.

4° Il y a de plus, dans les villes qui comprennent une ou plusieurs légions, un conseil de discipline pour juger les officiers supérieurs de légion et les officiers d'état-major, non justiciables des conseils de discipline ci-dessus indiqués.

Il suit de là qu'une commune qui n'est pas chef-lieu d'une compagnie formée de plusieurs communes, et qui ne réunit pas seule une ou plusieurs compagnies, ou enfin qui ne forme pas un bataillon communal, n'a point de conseil de discipline. Les gardes nationaux de cette commune suivent, pour les conseils de discipline, le sort des autres gardes nationaux auxquels ils se trouvent naturellement accolés d'après l'organisation voulue par la loi.

SECTION III.

De la composition des conseils de discipline.

Art. 97.

Le conseil de discipline de bataillon indiqué sous le n° 1, est composé de sept juges, savoir :
Le chef de bataillon, président ;
Un capitaine ;
Un lieutenant ou un sous-lieutenant ;
Un sergent ;
Un caporal ;
Deux gardes nationaux.

Art. 101.

Il y a en outre un rapporteur ayant rang de lieutenant ou de sous-lieutenant, et un secrétaire ayant rang de lieutenant ou de sous-lieutenant.

Dans les villes où il se trouve plusieurs légions, il y a de plus par conseil de discipline, un rapporteur-adjoint, et un secrétaire-adjoint, du grade immédiatement inférieur à celui du rapporteur et à celui du secrétaire.

Le conseil de discipline d'une commune ayant une ou plusieurs compagnies non réunies en bataillon, ainsi que le conseil de discipline d'une compagnie de gardes nationaux de plusieurs communes, indiqués plus haut n° 2 et 3, sont composés chacun de cinq juges, savoir : *(Loi du 22 mars 1831, art. 96 et 102.)*

Un capitaine président ;

Un lieutenant ou sous-lieutenant ;

Un sergent ;

Un caporal ;

Et un garde national.

Un officier ou un sous-officier remplit les fonctions de rapporteur, et un sous-officier celles de secrétaire du conseil de discipline.

Le conseil de discipline, indiqué sous le n° 4 et dont les fonctions sont de juger les officiers supérieurs et officiers d'état-major, est composé de sept juges, savoir : *(Art. 98.)*

Un chef de légion président ;

Deux chefs de bataillon ;

Deux capitaines ;

Deux lieutenans ou sous-lieutenans ;

Plus un rapporteur et un secrétaire, comme il est spécifié plus haut sous le n° 1, d'après l'article 101 de la loi du 22 mars 1831.

SECTION IV.

De la variation des membres du conseil de discipline,
en raison de la qualité du prévenu.

Loi du 22 mars
1831, art. 109.

On a vu que quand il s'agit de juger un officier supérieur, ou un officier d'état-major,
on a recours à un conseil de discipline particulier; mais dans le cas où, sans être dans
cette catégorie, le prévenu serait un officier
de tout autre grade, il serait traduit au conseil
de discipline de la portion de garde nationale
dont il fait partie; mais alors on fait entrer à
ce conseil deux officiers du grade du prévenu
et les deux membres le moins avancés en
grade en sortent.

Ainsi, dans le conseil de discipline indiqué
sous le n° 1ᵉʳ pour le bataillon cantonnal ou
communal, ce sont les deux gardes nationaux
qui cèdent leur place aux deux officiers du
grade du prévenu ; et dans les conseils de discipline des communes, composés de cinq
membres, ce sont le caporal et le garde national.

Art. 106.

Les gardes nationaux faisant partie des corps
d'artillerie, de sapeurs-pompiers, et de cavalerie, lorsqu'ils sont d'un canton ou d'une
commune qui n'a qu'un seul conseil de discipline, sont justiciables de ce conseil. Mais
s'il y a plusieurs bataillons dans le même canton, ils sont justiciables du même conseil de

discipline que les compagnies de leur commune.

S'il existe plusieurs bataillons dans la même commune, le préfet détermine quel est le conseil de discipline dont sont justiciables les gardes nationaux des armes dont il s'agit; et ils jouissent du droit de concourir pour la formation du tableau du conseil de discipline dont ils sont justiciables.

Enfin, lorsque les corps d'artillerie et de cavalerie forment une légion, d'après une autorisation donnée par ordonnance royale, ils ont un conseil de discipline particulier, conforme à celui que nous avons indiqué sous le n° 1.

SECTION V.

De la durée et du pouvoir des conseils de discipline.

Les conseils de discipline sont permanens; c'est-à-dire qu'ils ne sont pas nommés, organisés et convoqués toutes les fois qu'un garde national est susceptible d'y être traduit, mais ils restent en fonctions pendant tout le temps que la loi a fixé pour leur durée, c'est-à-dire pendant quatre mois; en effet, la loi veut que les juges de ces conseils de discipline soient renouvelés tous les quatre mois. Cependant ce renouvellement est susceptible d'une exception; car quand il n'y a pas, dans le corps ou portion de corps qui concourt à former le conseil, d'officiers du même grade que le pré-

Loi du 22 mars 1831, art. 104.

sident ou les juges du conseil, ceux-ci ne sont
pas remplacés : c'est ce qui a toujours lieu
relativement aux compagnies formées dans
une commune seule, ou par plusieurs communes, où il n'y a qu'un homme de chaque
grade; alors cet officier reste en permanence.
et l'on procède au renouvellement du sergent,
du caporal et du garde national.

Dans les conseils de discipline chargés de juger les prévenus d'une légion ou d'un bataillon
cantonnal, le président étant seul de son grade,
n'est pas susceptible d'être renouvelé, et reste
réellement en permanence. En parlant de la
nomination des membres des conseils de discipline, nous indiquerons comment se font les
renouvellemens indiqués dans ce paragraphe
d'après l'article 104.

Les conseils de discipline ne pourront juger
que quand il y aura au moins cinq membres
présens, dans les conseils pour un bataillon ou
une légion, et trois membres pour les conseils
de discipline concernant les compagnies.

SECTION VI.

De la nomination des membres des conseils de discipline.

Les juges de chaque grade ou gardes nationaux pour former les conseils de discipline,
sont désignés successivement d'après l'ordre de
leur inscription, sur un tableau dressé à l'a-
vance de cette manière-ci :

Le président du conseil de recensement, as-
sisté du chef de bataillon ou du capitaine com-
mandant pour les compagnies non réunies en
bataillon, forme, d'après le contrôle du service
ordinaire, un tableau général par grade et par
rang d'âge, de tous les officiers, sous-officiers
et caporaux et d'un nombre double de gardes
nationaux pris dans chaque bataillon ou com-
pagnie de la commune, ou de la compagnie
formée de plusieurs communes.

Loi du 22 mars 1831, art. 106.

Il est évident que ce tableau doit renfermer autant de colonnes distinctes qu'il y a de grades dans la garde nationale de la commune ou des cantons; c'est-à-dire, une colonne pour les chefs de bataillon, une deuxième pour les capitaines, une troisième pour les lieutenans, une quatrième pour les sous-lieutenans, une cinquième pour les sergens, une sixième pour les caporaux et une septième pour les gardes nationaux. Chacun est rangé dans sa colonne de grade, d'après l'âge des inscrits, en commençant par les plus âgés. On prend les gardes nationaux en nombre double de celui des officiers et sous-officiers sur les contrôles du service ordinaire, en commençant par les plus âgés.

L'article 60 de la loi, ayant ordonné que les officiers, sous-officiers et caporaux soient nommés pour trois ans; comme on s'exposerait, si l'on ne renouvelait pas les tableaux dont il s'agit, à y conserver des personnes qui auraient changé de grade, ou qui n'en auraient plus , il faut rectifier ces tableaux aussitôt après les élections effectuées, et même dans cet intervalle quand il y surviendra des changemens, par suite de décès, de condamnations, de démissions, d'incorporations et de pertes de toute autre nature.

Loi du 22 mars 1831, art. 108. Tout garde national condamné trois fois par le conseil de discipline, ou une fois par le tribunal de police correctionnelle, sera rayé pour un an du tableau dont il s'agit. C'est au jury de révision dont nous avons parlé, à statuer sur les demandes en radiation, ou en réintégration sur ce tableau lorsqu'elles ne se font pas comme elles le devraient.

Pour composer les conseils de discipline, on prendra successivement les juges de chaque grade et les gardes nationaux d'après l'ordre d'inscription sur ce tableau, en commençant par les plus âgés et en descendant successivement dans chaque colonne, jusqu'à ce que ce tableau soit épuisé ; en ayant égard à ce que quand il n'y a qu'une personne du même grade, elle reste au conseil, et que s'il y en a deux, elles y passent alternativement.

Art. 105. Ce tableau, signé par les personnes qui ont concouru à sa formation, reste déposé au lieu des séances du conseil de discipline, où chaque garde national peut en prendre connaissance.

Art. 103. Les rapporteurs et les secrétaires des conseils de discipline sont choisis par le sous-préfet de l'arrondissement où existe le bataillon ou la compagnie, chacun sur une liste de trois candidats désignés par le chef de légion ; et s'il n'existe pas de légion, par le chef de bataillon. Dans les communes où il n'y a pas de bataillon, c'est le plus ancien capitaine qui dresse les listes des candidats.

Les rapporteurs, rapporteurs-adjoints, secrétaires et secrétaires-adjoints, sont nommés pour trois ans et peuvent être réélus.

Si MM. les maires ou chefs de corps ont des plaintes à porter contre les rapporteurs et secrétaires, ils doivent rédiger un rapport motivé et l'adresser à M. le préfet, qui est autorisé à révoquer les rapporteur et secrétaire et à procéder à leur remplacement d'après le mode de nomination indiqué ci-dessus.

Quand il s'agit, en raison du grade du prévenu, de faire entrer dans le conseil de discipline deux membres du même grade que lui, s'il n'y a pas dans la commune deux officiers de ce grade, le sous-préfet les désigne par la voie du sort, parmi ceux du canton, et, s'il ne s'en trouve pas dans le canton, parmi ceux de l'arrondissement. Mais s'il s'agit de juger un chef de bataillon, comme il n'y en a ordinairement qu'un seul, alors M. le préfet désigne, par la voie du sort, deux chefs de bataillon des cantons ou des arrondissemens circonvoisins.

Loi du 22 mars 1831, art. 100.

Pour l'exécution de cette mesure, le préfet fait placer dans une urne les noms de tous les officiers du même grade de la commune, du canton ou de l'arrondissement, et il en fait le tirage publiquement.

SECTION VII.

Du lieu où doivent siéger les conseils de discipline.

Comme, d'après divers articles de la loi, c'est au maire de la commune et au conseil municipal à pourvoir aux dépenses que nécessitent les conseils de discipline, et que d'ailleurs il faut un établissement connu et commode pour que les gardes nationaux qui composent ces conseils, et ceux qui seraient susceptibles d'y être jugés, paraissent; enfin, que la garde nationale est placée sous l'autorité administrative municipale, nous pensons, qu'à moins d'empêchement insurmontable, le conseil de discipline doit juger à la mairie, ou au moins dans une dépendance de la mairie.

SECTION VIII.

Tenue et police du conseil de discipline.

Loi du 22 mars 1831, art. 117. La loi, en reconnaissant que la sauvegarde de la justice est la publicité, a voulu que rien ne fût secret dans la procédure des conseils de discipline, et que tout y parût au grand jour. La police d'audience appartient au président; il a le droit de faire expulser et de faire arrêter quiconque troublerait l'ordre, par analogie à ce qui se passe aux tribunaux ordinaires, et surtout aux conseils de guerre, d'après la loi du 21 brumaire an 5. Ceux qui assistent aux conseils de discipline doivent se tenir découverts, dans le respect et le silence. Tout ce que le président aura ordonné pour le maintien de l'ordre, devra être exécuté ponctuellement et sur-le-champ; tous signes d'improbation ou d'approbation sont expressément défendus. Si quelque trouble survenait, et qu'il fût de nature à caractériser un délit, il en serait de suite dressé procès-verbal par le secrétaire du conseil de discipline, et le président le signerait. L'auteur du trouble doit être jugé à l'instant par le conseil de discipline, si toutefois c'est un garde national, et que la faute n'emporte qu'une peine que le conseil puisse prononcer.

Dans tout autre cas, le prévenu est renvoyé devant le procureur du roi, auquel on transmet le procès-verbal et tous les renseignemens propres à éclairer l'affaire.

SECTION IX.

De la compétence des conseils de discipline.

Ces conseils, d'après l'article 84 de la loi du 22 mars 1831, sont institués, et par conséquent revêtus de pouvoirs suffisans pour appliquer aux gardes nationaux en service ordinaire, les peines de discipline y indiquées, quoique toutes les lois, règlemens et instructions relatifs à la discipline de ce corps aient été rapportés ; nous ferons remarquer que la loi du 14 octobre 1791, combinée avec l'instruction du 13 floréal an 7, le décret du 12 novembre 1806, et celui du 5 avril 1813, auxquels la loi du 22 mars 1831 n'a rien de contraire, déclarent que les conseils de discipline seront compétens pour appliquer les peines de discipline aux fautes de discipline commises par des gardes nationaux.

SECTION X.

Compétence à raison de la qualite du prévenu.

Les gardes nationaux sont les seuls justiciables des conseils de discipline, et la qualité de garde national est déterminée par un fait positif, c'est l'inscription au contrôle de service ordinaire, effectué d'après l'article 19 de la loi. Si un accusé prétendait n'être pas justiciable du conseil de discipline, n'étant point garde national, il faudrait vérifier le contrôle dont nous avons parlé plus haut ; et si en effet il n'en faisait pas partie, s'abstenir de prononcer, et en reférer à l'autorité administrative, pour qu'elle s'entendît sur ce doute, avec le conseil de recensement. Mais si le conseil de discipline reconnaît que le prévenu est inscrit, il doit passer outre au jugement, nonobstant les déclarations du réclamant, dont les droits restent intacts, et qui peut réclamer, s'il le croit convenable.

SECTION XI.

Compétence à raison du délit.

Les conseils de discipline sont compétens pour juger les gardes nationaux coupables d'avoir commis une infraction aux règles du service; d'avoir, par leur conduite, porté atteinte à la discipline ou à l'ordre public; d'avoir manqué à l'obéissance et à la subordination; d'avoir adressé des propos offensans ou des insultes à leurs supérieurs; d'avoir commis un abus d'autorité, ou fait usage de propos outrageans envers les subordonnés; d'avoir enfreint les règles du service; d'avoir manqué à un service commandé, ou d'avoir refusé de faire un service d'ordre et de sûreté. Mais ici, il faut remarquer que le manque de respect envers un supérieur, hors du service, ne doit être mis au rang des fautes de discipline, qu'autant que l'infraction aurait été commise envers un chef revêtu des marques distinctives de son grade. D'un autre côté, il est des actes qui, sans avoir eu lieu dans le service, ont le service pour objet; s'il en résulte des peines classées parmi celles que le conseil de discipline est chargé de punir, il devra en connaître.

SECTION XII.

Compétence en raison de la nature et de la limite des peines.

Pour fixer entièrement la compétence des conseils de discipline, il ne suffit pas de caractériser la nature des délits dont ils peuvent connaître, il faut de plus déterminer la nature et la limite des peines qu'il leur appartient d'appliquer à ces délits.

Or, d'après l'article 84 de la loi, ces peines sont, 1° la réprimande ; 2° les arrêts pour trois jours au plus ; 3° la réprimande avec mise à l'ordre ; 4° la prison pour trois jours au plus ; 5° la privation du grade. On ne doit pas conclure de cette nomenclature que ces punitions sont les seules que peuvent encourir les gardes nationaux en service ordinaire ; mais les seules que puissent prononcer les conseils de discipline : ce qui nous amène à traiter une autre question, celle de savoir comment on doit agir à l'égard des gardes nationaux répréhensibles, pour des fautes, délits ou crimes qui méritent d'autres peines que celles indiquées ci-dessus.

SECTION XIII.

Des gardes nationaux coupables de fautes ou délits non justiciables des conseils de discipline.

Les gardes nationaux peuvent être soustraits à la juridiction des conseils de discipline, pour deux causes ; ou parce que la faute est trop légère, ou parce que le délit est trop grave. Ainsi :

Le manque à l'appel, l'absence de son poste sans autorisation, punis d'une faction hors de tour ; l'ivresse étant de service, le bruit, le tapage, les voies de fait, la provocation au désordre ou à la violence, susceptibles d'être punis de la détention au poste jusqu'à la relevée de la garde ; et le manque au service, pour le première fois, puni de l'obligation de monter une garde hors de tour. Toutes ces punitions, disons-nous, ne concernent pas les conseils de discipline ; mais peuvent être infligées par les chefs de poste. Ainsi le veut l'article 82 de la loi du 22 mars 1831. Quand un garde national est prévenu d'avoir vendu à son profit les armes de guerre ou effets d'équipement qui lui ont été confiés par l'État, il n'est pas pour ce délit jugé par le conseil de discipline ; mais il est renvoyé au tribunal de police correctionnelle. Il en est de même du garde national qui a subi deux condamnations du conseil de discipline, pour refus de service, et qui se rend coupable du même délit une troisième fois ; il doit être traduit en police correctionnelle.

Enfin, tout chef de corps, poste ou détachement de la garde nationale, qui refuse d'obtempérer à une réquisition légale, ou qui agit sans réquisition et hors les cas prévus par la loi, ayant encouru un long emprisonnement, n'est point justiciable des conseils de discipline; il doit être dénoncé au procureur du roi, et poursuivi devant les tribunaux.

CHAPITRE IV.

DE L'INSTRUCTION.

SECTION PREMIÈRE.

Du renvoi des affaires et de la citation du prévenu.

Loi du 22 mars 1831, art. 110. Tout rapport ou procès-verbal, où plainte, constatant des faits qui peuvent donner lieu au jugement du conseil de discipline, lui seront renvoyés par le chef du corps, et ce conseil en demeurera saisi par ce seul renvoi, sans qu'aucune autre autorité, partie civile intéressée ou non, puisse se croire autorisée à forcer ce conseil à agir; alors ces mêmes pièces, c'est-à-dire rapport, procès-verbaux ou plainte, sont adressées au capitaine rapporteur, qui, dans cette circonstance, remplit les fonctions du ministère public; le secrétaire qui remplit celles de greffier, a le soin de les inscrire sur un registre, qui doit indiquer le numéro d'ordre de chaque affaire, la date de son renvoi, les noms et prénoms des personnes qu'elles concernent, et un état sommaire qui indique la nature de chaque affaire.

Art. 111. L'officier rapporteur fait citer le prévenu à

la plus prochaine des séances du conseil de discipline.

L'acte contenant la citation indique, avec
autant de précision que possible, les nom ,
profession , qualité , demeure et grade du
prévenu, la faute qu'on lui impute , le jour et
l'heure précise de la séance où l'affaire sera exa-
minée, l'obligation où le garde national est de
comparaître en personne ou par fondé de pouvoir. Cette citation devra être remise à domicile, par un agent de la force publique.

Anciennement c'était un tambour qui rem-
plissait cette mission , mais, la loi nouvelle
ayant indiqué l'entremise d'un agent de la
force publique, nous pensons, avec d'autres
personnes, qu'on ne doit entendre, par agent
de la force publique, qu'un garde municipal,
un gendarme, et un garde-champêtre. On doit
recommander à cet agent, et il doit être tenu
de remettre cette citation dans les mains du
prévenu; sinon de se conformer, en tout ce
qui est exécutable, à ce qui est prescrit par
la loi, pour les citations devant les tribunaux
civils.

On fera attention qu'il n'est plus permis au
garde national cité, de se dispenser de paraître,
en personne ou par un fondé de pouvoir,
puisque, s'il ne paraît pas au jour et à l'heure
fixés par la citation, il sera jugé par défaut.
On remarquera que s'il s'agit de juger, au conseil de discipline, un commandant de la garde

nationale d'une commune, les procès-verbaux, rapports ou plaintes, constatant les faits qui donnent lieu à la mise en jugement, sont alors adressés au maire, qui en réfère au sous-préfet : pour la formation du conseil de discipline, conformément aux art. 97, 98 et 100 de la loi.

Ce conseil doit procéder exactement, d'après tout ce qui est prescrit pour les conseils de discipline ordinaire.

Loi du 22 mars 1831, art. 112.

SECTION II.

De la convocation du conseil.

Toutes les fois que le nombre et l'urgence des affaires paraissent l'exiger, le rapporteur requiert la convocation du conseil de discipline, et le président de ce conseil le fait de suite. Le président et le rapporteur tiendront la main à ce qu'une affaire susceptible d'être jugée par un conseil de discipline, ne soit pas trop longuement ajournée, ou même oubliée. Tout l'exige, le bien du service, la nécessité de l'exemple, et surtout le danger qui existe à ce que les délits de cette nature, par assimilation aux contraventions mentionnées en l'art. 670 du code d'instruction criminelle, ne soient prescrits par une année révolue, si dans cet intervalle il n'est point survenu de condamnation.

Art. 113.

Il faut que chaque membre du conseil de discipline ainsi convoqué, se rende, à l'heure

et au lieu indiqués pour la tenue du conseil.
S'il arrivait qu'un membre, sans pouvoir al-
léguer une excuse valable, se dispensât de
comparaître, le conseil de discipline, après
qu'il aurait été complété comme nous allons
l'indiquer, devrait condamner l'absent à une Art. 114.
amende de 5 francs : quant aux excuses, elles
doivent être de la même nature, et constatées
dans les formes voulues par la loi. C'est d'ailleurs au conseil de discipline, seul, à prononcer sur leur validité, et ensuite à les admettre
ou à les rejeter.

S'il manque un officier, un sous-officier,
un caporal ou un garde national, chacun
d'eux sera remplacé aussitôt par le garde
national du même grade, qui se trouve inscrit
immédiatement après lui sur le tableau général qui a dû être formé d'après l'article 103
de la loi, et déposé au lieu des séances du
conseil de discipline. Mais s'il s'agit d'un conseil de discipline d'un bataillon cantonnal, le
membre absent sera remplacé par l'officier,
sous-officier, caporal ou garde national du lieu
seulement où siége le conseil, en appelant celui qui vient immédiatement à la suite, dans
le même grade, d'après l'ordre du tableau dont
nous avons parlé.

CHAPITRE V.

DES OPÉRATIONS DU CONSEIL DE DISCIPLINE EN SÉANCE.

—

SECTION PREMIÈRE.

De la traduction du prévenu devant le conseil.

Le garde national cité devra comparaître en personne ou par un fondé de pouvoir; il pourra même, quand il comparaîtra en personne, être assisté d'un conseil; mais il est dans l'intérêt des prévenus de paraître en personne. Quant aux pièces nécessaires au fondé de pouvoir pour représenter le prévenu, le conseil de discipline est seul juge de leur validité. Nous partageons l'avis de ceux qui croient que si l'on ne produit pas un acte notarié, il faut au moins un pouvoir sous seing privé, dont la signature soit légalisée à la mairie du constituant le fondé de pouvoir.

C'est au président du conseil à juger de la manière dont le prévenu ou son fondé de pouvoir, et même son conseil, feront usage de la faculté que la loi leur accorde, pour établir son innocence, ou au moins faire valoir les motifs propres à atténuer ou à excuser la faute. S'ils s'écartaient des convenances, ou abusaient du temps qui leur est accordé, le président, en vertu des pouvoirs que lui con-

fère l'article 117 de la loi qui lui remet la police de l'audience, devrait les rappeler à l'ordre et aux convenances, et les obliger à y
rentrer s'ils persistaient à s'en écarter.

SECTION II.

Du jugement par défaut.

Si à l'heure et au jour fixés par la citation,
le garde national cité ne comparaît pas, et qu'il
ne se présente aucun fondé de pouvoir pour le
représenter, il est jugé par défaut. Si le prévenu est dans la possibilité de comparaître, et
qu'il ne fournisse aucune cause légitime, après
la lecture des pièces on passe outre à la procédure et au jugement en omettant tout ce qui
suppose la présence du prévenu, dans ce cas, le
jugement lui sera notifié, et il pourra, dans le
délai de trois jours à dater de cette notification,
former opposition à ce jugement; c'est-à-dire
que le jour de la notification, ni celui de l'opposition, ne doivent être comptés dans ces trois
jours.

L'opposition doit être mise par le condamné
au bas de la signification qui lui sera faite du
jugement; dans ce cas, elle serait remise sous
les yeux du président. Mais comme ce mode
n'est que facultatif aux termes de la loi, le condamné, s'il n'en fait pas usage, doit pouvoir, en
ne dépassant pas les trois jours qui lui sont accordés, faire usage d'un autre moyen; et, par
analogie à ce que renferme l'article 20 du Code

de procédure, on pense qu'il peut employer le ministère d'un huissier.

Après avoir eu communication de cette opposition, l'officier rapporteur citera de nouveau, conformément à l'article 3, l'opposant à comparaître à la plus prochaine séance du conseil de discipline.

La loi portant textuellement que si le condamné ne forme pas d'opposition au jugement par défaut; ou que, si ayant été cité après opposition, il ne comparaît pas à la plus prochaine séance, le jugement par défaut est définitif : il est clair qu'il n'y a pas lieu alors à former une nouvelle opposition, car on ne dit pas qu'alors il sera rendu un second jugement par défaut, mais que le premier sera définitif; donc le conseil devra se borner à le déclarer tel.

SECTION III.

De la publicité et de la police de l'audience.

Le législateur a reconnu que la publicité dans les procédures est tellement utile, et que les Français surtout y attachent une telle importance, qu'il l'a recommandée pour les conseils de discipline, à peine de nullité.

Pour les conseils de guerre, la loi du 13 brumaire an 5 fixe le nombre des assistans qui peuvent composer le public; il doit être le triple de celui des juges. Elle a également défendu aux assistans d'y paraître avec armes, cannes ou bâtons, enfin elle leur a prescrit de s'y tenir chapeau bas et en silence. Quoiqu'il n'y ait rien de semblable dans la loi qui établit les conseils de discipline, on doit reconnaître que pour l'ordre, la décence, et la tenue, ce doit être la même chose que pour les conseils de guerre et les divers cours et tribunaux ; d'un autre côté, c'est au président du conseil de discipline à faire régner l'ordre puisque la police de l'audience lui appartient, qu'il est revêtu d'un pouvoir suffisant pour faire expulser ou arrêter quiconque troublerait l'ordre : il peut donc, s'il le croit convenable et nécessaire, requérir à cet effet la force armée.

S'il arrivait que l'auteur du trouble en séance commît un délit, il en serait sur-le-champ dressé procès-verbal ; et l'auteur du trouble, dans le cas où ce serait un garde national, et que sa faute n'emporterait pas une peine autre que celle que le conseil peut prononcer, serait jugé par le conseil.

Il est évident que le procès-verbal serait dressé par le secrétaire du conseil, sur l'ordre du président, et que l'on suivrait, pour la procédure et les débats, les formes indiquées pour les autres jugemens contradictoires des gardes nationaux.

Loi du 22 mars 1831, art. 117.

Pour toute autre espèce de trouble causé à l'audience, le prévenu doit être renvoyé devant le procureur du roi, avec le procès-verbal que l'on a dû dresser, ainsi que toutes les notes, renseignemens et indications de témoins qui peuvent servir à éclairer l'affaire.

CHAPITRE VI.

DES DÉBATS.

—

SECTION PREMIÈRE.

Appel de l'affaire. Récusation.

Loi du 22 mars 1831, art. 118. Les débats doivent avoir lieu devant le conseil de discipline, dans l'ordre suivant :

Le secrétaire appelle l'affaire lorsque le prévenu, son fondé de pouvoir et son conseil, s'il en existe, sont devant le conseil; si l'un d'eux reconnaît un des juges qu'il ne croit pas devoir continuer de siéger, il requiert sa récusation; de même si l'un des juges croit devoir s'exclure du conseil, il est de son devoir de réclamer son propre remplacement et de se récuser lui-même. Quand la demande en récusation n'est pas fondée, le conseil de discipline le prononce et passe outre aux débats. Mais si la récusation est admise, le président appelle, dans les formes indiquées par l'article 104 de la loi du 22 mars 1831, les juges suppléans nécessaires pour compléter le conseil et continue ses opérations.

Code de procédure civile, art. 378 et suiv. La récusation, d'après les lois nouvelles, à l'égard des juges, doit toujours être motivée;

on n'y admet plus de récusations péremp-
toires.

Indépendamment des causes de parenté indiquées dans le Code de procédure, articles
378 et suivans, la récusation se demande encore, et s'accorde pour cause d'inimitié connue entre l'un des juges, le rapporteur et
l'accusé. Mais attendu que, comme dans les
tribunaux militaires l'accusé et son conseil ne
peuvent souvent connaître les juges qu'en arri-
vant à la séance, ce n'est qu'à son ouverture
que la demande en récusation doit être formée,
discutée et décidée.

Si le prévenu décline la juridiction du conseil de discipline, d'après ce qui a été dit sur la
compétence de ce conseil, sur la qualité de
l'inculpé, sur la nature de la peine, le conseil
statue sur cet incident. Dans le cas où il se reconnaît incompétent, l'affaire est renvoyée
devant qui de droit, c'est-à-dire ou devant le
supérieur du prévenu ou devant un tribunal
civil, administratif, de simple police ou correc-
tionnel, ou enfin à la cour d'assises.

Si le conseil de discipline se reconnaît com-
pétent, il s'occupe de la continuation de l'affaire ; alors le secrétaire lit le rapport, le
procès-verbal ou la plainte et les pièces à
l'appui.

SECTION II.

De l'audition des témoins.

Loi du 22 mars
1831, art. 118.

Si le rapporteur ou le prévenu ont cru devoir faire appeler des témoins, le président procède à leur audition, et les interroge chacun en particulier. Après leur avoir fait prêter serment, il leur demande leurs nom, prénoms, âge, état, profession et demeure ; s'ils sont parens ou alliés du prévenu, et à quel degré, ou s'ils sont ses domestiques.

On doit reconnaître qu'aux termes de toutes les lois sur cette partie, les ascendans ou descendans du prévenu, ses frères, sœurs, alliés au pareil degré, sa femme, non plus que les condamnés à des peines afflictives et infamantes qui n'ont pas été réhabilités, ne peuvent être entendus en témoignage.

SECTION III.

Continuation des débats.

Après ces dépositions le président interroge le prévenu, tant sur les faits qui lui sont imputés, que sur ceux qui paraissent résulter de la déposition des témoins. L'inculpé répond par lui-même ou par l'organe de son conseil, excepté sur les questions où il sera interpellé de répondre personnellement. Attendu qu'aucune loi ne le prohibe, il est de justice qu'ainsi que dans les conseils de guerre, chaque membre du conseil de discipline ait le droit d'interpeller l'inculpé, après toutefois avoir obtenu l'assentiment du président, chargé de régulariser cette partie des débats comme les autres.

Ensuite, le prévenu, ainsi que son conseil, obtient la parole pour exposer, avec la décence et la modération convenables, tout ce qui tendrait à détruire ou à atténuer l'accusation.

Aussitôt que cette défense est terminée, le rapporteur résume les faits résultant de la plainte, des dépositions des témoins, des indices et des pièces, tant à charge qu'à décharge, et donne ses conclusions dans son âme et conscience.

La justice et la loi laissent encore à l'inculpé le droit de la réplique, de sorte qu'ils ont toujours la parole les derniers, avant que le conseil de discipline ne passe à la délibération.

SECTION IV.

De la délibération du conseil.

Le président, après avoir ordonné aux assistans de se retirer, ou après être entré dans un local particulier, accompagné des juges, s'occupe du jugement. Le conseil de discipline délibère en secret, et peut suivre la même marche que celle adoptée dans les conseils de guerre.

Là le président interroge chacun des juges en particulier, en ces termes : N....., inculpé d'avoir commis telle faute, est-il coupable? Chacun des juges doit répondre à haute voix :

Oui ou Non. La question doit être posée autant de fois qu'il existe de faits ou de subdivisions de faits dans l'accusation. Le président recueille les suffrages, en commençant par le grade inférieur, et émet son opinion le dernier.

SECTION V.

De l'application de la peine.

Si le conseil de discipline reconnaît, à la majorité, la culpabilité du prévenu, il examine ensuite quelle est la peine qu'il a encourue, en consultant la loi du 22 mars 1831, et le tableau alphabétique des peines, que nous avons rédigé et joint ici ; alors le président recueille de nouveau les voix sur l'application de la peine ; et le conseil étant resté d'accord sur ce point, il fait rouvrir les portes du lieu des séances, ou il rentre avec les juges dans le premier local. Le rapporteur et le secrétaire prennent leurs places ; le président annonce à haute voix quelle a été l'opinion des juges sur la culpabilité du prévenu ; il fait inscrire la décision au registre faisant procès-verbal, lit le texte de la loi, et applique la peine prononcée par le conseil contre le coupable.

Lorsque l'accusé est acquitté, les formalités sont les mêmes, quant à la lecture des pièces, à l'inscription du jugement, à la clôture et à la signature du procès-verbal.

SECTION VI.

De l'exécution du jugement.

D'après l'article 119 de la loi du 22 mars 1831, les mandats d'exécution de jugement des conseils de discipline doivent être délivrés dans la même forme que ceux des tribunaux de simple police; or, dans cette circonstance, tout jugement définitif de condamnation doit être motivé, et les termes de la loi appliquée y être insérés; la minute doit être signée dans les vingt-quatre heures au plus tard, et le ministère public poursuivre l'exécution du jugement. Il est notoire que dans ce cas particulier le rapporteur remplit les fonctions du ministère public : mais comme il n'est rien prescrit dans la nouvelle loi sur le mode de cette signification, on peut suivre la marche qui s'observait antérieurement. Alors extrait du procès-verbal relatant le jugement, signé du président et contre-signé du secrétaire, était porté par un agent au garde national auquel une peine était infligée par le conseil de discipline; il était tenu d'en donner reçu; en cas de refus, le porteur devait se rendre sur-le-champ auprès du secrétaire, et lui en faire sa déclaration. En cas de refus d'obéissance, on en réfère à l'autorité administrative, et, s'il est nécessaire, celle-ci emploie la force publique pour qu'en exécution du jugement, force reste à la loi.

Le seul recours qui soit ouvert contre les

jugemens définitifs des conseils de discipline, est à la cour dè cassation; et il ne peut être demandé et admis que pour incompétence, excès de pouvoir ou contravention à la loi. Il est accordé au garde national qui s'y croit autorisé trois jours francs, à partir du jour de la notification du jugement de condamnation, pour se pourvoir en cassation; il est bien entendu que le jour de la notification du jugement n'est pas compté au nombre des trois jours de grâce.

Pour la marche à suivre, lorsqu'un condamné croit devoir se pourvoir en cassation, il faut qu'il se conforme aux dispositions contenues dans le chapitre 2, titre 3, du Code d'instruction criminelle; seulement il faut considérer que le recours en cassation contre un jugement d'un conseil de discipline de la garde nationale, n'est assujetti qu'au quart de l'amende exigée par l'article 119 du même Code de procédure; mais tout jugement de conseil de discipline qui n'emporte pas la peine d'emprisonnement doit s'exécuter, nonobstant le recours en cassation; ce recours n'est suspensif que pour le seul cas où il s'agirait de la prison, parce qu'il est évident que si le jugement était cassé après que le condamné aurait subi cette peine, il serait impossible de réparer le tort qu'on lui aurait fait. On doit conclure de l'exception qu'emporte la condamnation à l'emprisonnement, qu'il n'en est pas de même pour toutes les autres condamnations.

Loi du 22 mars 1831, art. 122.

SECTION VII.

Des frais de procédure.

Les conseils de discipline pouvant être con- Loi du 22 mars
1831, art. 121.
sidérés comme des tribunaux de famille, et
leurs actes devant être fréquens et multipliés,
le législateur a voulu que tous les actes de poursuite devant ces conseils fussent dispensés du
timbre, ainsi que tous jugemens, recours et
arrêts rendus en vertu de la loi du 22 mars
1831. Il suffit de les faire enregistrer. Cette
disposition était nécessaire pour leur donner
une date certaine; et encore, aux termes de
la même loi, cet enregistrement doit être fait
gratis.

CHAPITRE VII.

DES PEINES A INFLIGER AUX GARDES NATIONAUX.

Les peines à employer comme moyens de Art. 82.
répression contre les gardes nationaux de service sont de deux sortes: 1° celles que peuvent
infliger les chefs du poste ou du corps; 2° celles
qui exigent la prononciation d'un jugement
par le conseil de discipline.

SECTION PREMIÈRE.

Des peines prononcées par les chefs.

Les chefs de poste peuvent prononcer, contre les gardes nationaux de service :

1° Une faction hors du tour ;

2° La détention dans la prison du poste jusqu'à la relevée de la garde ; •

3° Le chef du corps peut faire donner l'ordre de monter une garde hors du tour.

La première de ces trois punitions a lieu contre celui qui a manqué à l'appel, ou s'est absenté du poste sans autorisation.

La seconde, contre tout garde national de service en état d'ivresse, ou qui se rend coupable de bruit, tapage ou voies de fait, ou de provocation au désordre ou à la violence, sans préjudice du renvoi au conseil de discipline, si la faute emporte une punition plus grave, susceptible d'être jugée par ce conseil.

La troisième punition à prononcer par ordre du chef du corps a lieu, indépendamment du service régulièrement commandé, et que le délinquant doit accomplir, contre le garde national, le caporal ou le sous-officier qui a manqué pour la première fois à son service.

Loi du 22 mars 1831, art. 83.

SECTION II.

Peines à prononcer par les conseils de discipline.

Les conseils de discipline peuvent infliger les peines suivantes :

1° La réprimande;

2° Les arrêts, pour trois jours au plus ;

3° La réprimande avec mise à l'ordre ;

4° La prison, pour trois jours au plus ;

5° La privation du grade ;

6° Et quelquefois l'amende.

Loi du 22 mars
1831, art. 84.

SECTION III.

Application de ces peines.

Tout officier coupable d'une infraction, même légère, aux règles du service, *sera puni de la réprimande.*

Art. 85.

Tout officier qui, étant de service, ou en uniforme, tiendra une conduite propre à porter atteinte à la discipline de la garde nationale ou à l'ordre public, *sera puni* de la réprimande avec mise à l'ordre.

Art. 86.

Tout officier qui, étant de service, se sera rendu coupable ,

1° De désobéissance et insubordination ;

Art. 87.

2° De manque de respect, propos offensans ou insultes envers des officiers d'un grade supérieur ;

3° D'abus d'autorité ou propos outrageans envers un subordonné ;

4° De manquement à un service commandé ;

5° D'une infraction aux règles du service ,

Sera puni des arrêts ou de la prison, suivant la gravité du cas.

Il faut remarquer que la réprimande simple et la réprimande avec mise à l'ordre, doivent

être appliquées aux sous-officiers, caporaux
et gardes nationaux, suivant les circonstances, lorsqu'ils sont dans le même cas que
les officiers qui ont encouru ces peines.

1° Tout sous-officier, caporal, garde national, coupable de désobéissance et d'insubordination, qui aura refusé une seconde fois
un service d'ordre et de sûreté;

2° Tout sous-officier, caporal ou garde national, qui, étant de service, sera en état d'i-
vresse ou tiendra une conduite qui porte atteinte à la discipline de la garde nationale ou
à l'ordre public;

3° Enfin, tout garde national qui, étant de service, aura abandonné ses armes ou son poste
avant qu'il soit relevé;

Sera passible de la prison, qui ne pourra excéder deux jours, et cas en de récidive, trois jours.

SECTION IV.

De la récidive.

Tout officier, sous-officier ou caporal qui,
après avoir subi une condamnation du conseil
de discipline, se sera rendu coupable d'une
faute qui entraîne l'emprisonnement, s'il s'est
écoulé moins d'un an depuis la première condamnation; et tout officier, sous-officier et caporal qui aura abandonné son poste avant
qu'il ne soit relevé, pourra être privé de son
grade, et, dans ce cas, il ne pourra être réélu
qu'aux élections générales.

On doit remarquer que dans les communes Loi du 22 mars
1831, art. 84. où s'étend la juridiction du conseil de discipline, s'il n'existe ni prison, ni local pour en tenir lieu, le conseil de discipline pourra commuer la peine de prison en une amende d'une journée à dix journées de travail.

SECTION V.

Du renvoi à un autre tribunal.

Tout garde national prévenu d'avoir vendu à Art. 91. son profit les armes de guerre ou les effets d'équipement qui auront été confiés par l'État ou par la commune, sera renvoyé devant le tribunal de police correctionnelle pour y être poursuivi à la diligence du ministère public, et puni, s'il y a lieu, de la peine portée à l'article 408 du Code pénal, et sauf le cas y échéant, l'application de l'article 463 dudit Code. Or, ces peines sont l'emprisonnement et l'amende, dont la durée est combinée et appréciée par le tribunal de police correctionnelle.

Sera également traduit devant les tribunaux Art. 92. de police correctionnelle tout garde national qui, dans *l'espace d'une année*, aura subi deux condamnations pour refus de service, et qui commettra la même faute pour la troisième fois.

Dans ce cas, le tribunal de police correctionnelle condamnera le délinquant à un emprisonnement qui ne pourra être moindre de cinq jours, ni excéder dix jours, et à une amende qui ne pourra être moindre de 5 francs, ni excéder 15 francs. Si le délinquant se mettait de nouveau en récidive pour la même faute, le même tribunal le condamnerait à un emprisonnement qui ne pourra être moindre de dix jours, ni excéder vingt jours, et à une amende de 15 francs à 5o francs. Dans l'un et l'autre cas, qui exige l'intervention du tribunal de police correctionnelle, le délinquant sera condamné aux frais.

Il est important de considérer que, pour établir la nécessité de traduire le délinquant à la police correctionnelle, et de lui infliger la peine dont il s'agit, la loi a voulu que les deux condamnations du conseil de discipline pour refus du service aient été prononcées dans l'espace d'une année, c'est-à-dire, selon nous, dans un délai de douze mois, à dater de la première condamnation, quelle que soit son époque jusqu'à la seconde, et non pas dans une année nominative commençant au 1er janvier et finissant au 31 décembre. S'il en eût été autrement, le législateur eût dit dans le cours de la même année, et non dans l'espace d'une année. Le système contraire tendrait à faire traduire en police correctionnelle un homme qui aurait subi le premier jugement du conseil de discipline le 1er janvier, et le second le 3o décembre de la même année, et à en dispenser celui qui aurait subi le premier jugement le 3o décembre, et le second jugement le surlendemain 2 janvier, ce qui n'est ni conséquent ni surtout juste.

Sera traduit devant les tribunaux tout chef de corps, poste ou détachement de la garde nationale qui refusera d'obtempérer à une réquisition des magistrats ou fonctionnaires investis du droit de requérir la force publique (1), ou qui aura agi sans réquisition et hors les cas prévus par la loi ; et il sera puni des peines portées aux articles 234 et 258 du Code pénal, imprimés à la suite de la loi du 22 mars 1831, au présent recueil.

Ces peines sont, pour celui qui refuse, un emprisonnement d'un mois à trois mois, sans préjudice des réparations civiles qui pourraient être dues.

Celui qui a agi sans réquisition et illégalement est passible d'un emprisonnement de deux ans à cinq ans, sans préjudice de la peine de faux, s'il en existe de sa part.

La poursuite seule contre les prévenus du fait indiqué ci-dessus entraînera la suspension du grade du prévenu, et la condamnation emporte la perte totale de ce grade.

___

(1) Ce sont : les procureurs-généraux, procureurs du roi, juges d'instruction, juges de paix, officiers de gendarmerie, commissaires de police, maires et adjoints.

CHAPITRE VII.

DES DÉTACHEMENS DE LA GARDE NATIONALE.

SECTION PREMIÈRE.

Des détachemens en service ordinaire.

Loi du 22 mars 1831, art. 127. D'après son institution, la garde nationale en service ordinaire est tenue de former des détachemens pour des circonstances particulières et imprévues, indépendamment de l'envoi de corps détachés pour le service de guerre; services qu'il ne faut pas confondre l'un avec l'autre, et que nous allons traiter séparément et brièvement, attendu que les détachemens en service ordinaire se rapprochent beaucoup de la garde nationale proprement dite, et que les corps détachés en guerre ont beaucoup de rapport avec l'armée, pour la discipline et la justice de laquelle toutes les lois et ordonnances sont consignées dans notre Guide des juges militaires, formant au besoin la première partie de celui-ci.

SECTION II.

Des motifs d'appel de ces détachemens.

La garde nationale, en cas d'insuffisance de la gendarmerie et de la troupe de ligne, fournit des détachemens pour escorter d'une ville à l'autre des convois et des prisonniers, pour

porter des secours aux communes, arrondis- Loi du 22 mars 1831, art. 128.
semens et départemens voisins où l'ordre public est troublé.

SECTION III.

De l'autorité qui requiert.

Quand les détachemens devront agir dans Art. 125. l'étendue d'un arrondissement, ils seront fournis sur la réquisition du sous-préfet; dans toute l'étendue du département, sur la réquisition du préfet; enfin, s'il faut sortir du département, ce ne sera qu'en vertu d'une ordonnance du roi.

Cependant, en cas d'urgence, et sur la demande écrite du maire d'une commune en danger, les maires des communes limitrophes, sans distinction de département, peuvent requérir un détachement de garde nationale de les secourir, sauf à en rendre compte à l'autorité supérieure.

Dans tous ces cas, les détachemens seront sous l'autorité civile, et ne passeront sous aucun commandement militaire que quand l'autorité administrative aura requis cette disposition pour le maintien de la paix publique.

Ces détachemens ne pourront être tenus de Art. 132. sortir de leurs foyers plus de dix jours sur la réquisition du sous-préfet, plus de vingt jours sur la réquisition du préfet, et plus de soixante jours en vertu d'une ordonnance du roi.

Le nombre d'hommes sera pris par le maire Art. 130.

parmi les hommes inscrits sur le contrôle ou service ordinaire, en commençant par les célibataires et les moins âgés.

Si les détachemens s'éloignent de leurs communes plus de vingt-quatre heures, ils recevront la solde, l'indemnité de route et les prestations en nature comme la troupe de ligne.

SECTION IV.

De la discipline des détachemens.

Loi du 22 mars 1831, art. 133.

Pour le cas où, conformément à l'article 127 de la loi, rappelé dans les sections précédentes, la garde nationale doit fournir des détachemens en service ordinaire, sur la réquisition du sous-préfet, du préfet, ou en vertu d'une ordonnance du roi, les peines sont les suivantes :

Pour les officiers.

1° Les arrêts simples, pour dix jours au plus ;

2° La réprimande avec mise à l'ordre ;

3° Les arrêts de rigueur, pour six jours au plus ;

4° La prison, pour trois jours au plus.

Pour les sous-officiers, caporaux et soldats.

1° La consigne, pour dix jours au plus ;

2° La réprimande avec mise à l'ordre ;

3° La salle de discipline, pour six jours au plus ;

4° La prison, pour quatre jours au plus.

Il suit de cette nomenclature de peines, que pour les détachemens en service, quoique dans l'intérieur, la peine est plus sévère que quand il s'agit de service ordinaire et simple de la garde nationale, sans néanmoins que la nature de ces sortes de peines soit autre pour les officiers que pour les sous-officiers, caporaux et soldats.

SECTION V.

De l'autorité chargée d'appliquer ces peines.

Tout supérieur, à la charge d'en rendre compte dans les vingt-quatre heures, en observant la hiérarchie des grades, peut infliger à son inférieur les peines des arrêts simples, de la consigne et de la salle de discipline. Le chef de corps seul pourra infliger les arrêts de rigueur, la prison et la réprimande avec mise à l'ordre.

Il est bien entendu que dans ce cas particulier les chefs de corps qui ont été substitués aux conseils de discipline, pour l'application de ces peines, se conformeront à ce qui a été dit antérieurement, et à ce que portent les articles 87, 88 et suivans de la loi.

Néanmoins, il faudra l'intervention d'un conseil de discipline pour prononcer et opérer la privation du grade, peine qui, au reste, ne peut être encourue que pour les causes

Loi du 22 mars 1831, art. 135.

énoncées aux articles 90 et 93 de la loi du 22 mars 1831, dont nous avons parlé plus haut.

SECTION VI.

Du conseil de discipline des détachemens.

Il n'y aura qu'un seul conseil de discipline pour tous les détachemens formés d'un seul arrondissement de sous-préfecture; il sera composé conformément à ce qui a été prescrit aux articles 34 et suivans de la loi, et se conformera pour sa réunion, ses opérations, les débats à soutenir devant lui, la conviction ou la justification de l'inculpé, à tout ce que nous avons indiqué et développé à cet égard en parlant des conseils de discipline de la garde nationale ordinaire.

Loi du 22 mars 1831, art. 136. Enfin, il y a lieu pour ces détachemens de recourir à l'intervention du tribunal de police correctionnelle, et voici le cas.

Toutes les fois qu'un garde national désigné pour faire partie de l'un des détachemens dont nous venons de parler, refuse d'obtempérer à la réquisition, ou qu'après y avoir obtempéré, il quitte le détachement sans autorisation, il doit être traduit en police correctionnelle et là condamné à un emprisonnement qui ne peut excéder un mois; de plus, s'il est officier, sous-officier ou caporal, il est en outre privé de son grade.

Il résulte de tout ce qui vient d'être exposé, qu'une fois requis pour un des détachemens dont nous parlons, le garde national sera presqu'entièrement sous l'autorité de ses supérieurs, sauf les cas bien rares où il se rendrait passible de peines plus fortes que celles à infliger par ses supérieurs, et qu'il deviendrait par là justiciable du conseil de discipline ou du tribunal de police correctionnelle, ou enfin, s'il s'agissait de crime, de la cour d'assises; car ce garde national requis n'est pas, comme celui appelé pour le service de guerre, justiciable des tribunaux militaires ; quoique si dans le service qu'il fait après avoir été requis, il a été blessé, il ait droit aux secours, pensions et récompenses accordés par la loi aux militaires en activité.

Cette explication suffira pour tracer la ligne de démarcation à observer, relativement à l'application des peines, par les supérieurs des gardes nationaux, le conseil de discipline et les tribunaux de police correctionnelle.

CHAPITRE VIII.

DES CORPS DÉTACHÉS POUR LE SERVICE DE GUERRE.

—

SECTION PREMIÈRE.

Appel et service.

La garde nationale est obligée, pour la défense des places fortes, des côtes et des fron- ^{Loi du 22 mars 831, art. 138.}

tières du royaume, de fournir des corps détachés, qui sont considérés comme auxiliaires
de l'armée active.

Le scorps détachés pour le service de guerre
ne pourront être tirés de la garde nationale
qu'en vertu d'une loi spéciale; ou bien, en l'absence des chambres, d'après une ordonnance
du roi , qui devra être convertie en loi lors de
la première session qui aura lieu après cet appel.

Loi du 22 mars 1831, art. 139. Ce service de guerre de la part de ces corps
ne doit pas durer plus d'une année.

Art. 140. La loi ou l'ordonnance qui appelle des détachemens de garde nationale pour le service de
guerre, fixe en même temps le nombre d'hommes requis, nombre qui doit être complété,
mais qui ne doit jamais être dépassé. La répartition est faite par le gouvernement ou le préfet, et la désignation individuelle par le conseil
de recensement.

SECTION II.

Désignation des détachemens.

Art. 141. Aussitôt qu'une loi ou une ordonnance
aura appelé des corps détachés de garde nationale pour le service de guerre, ces corps
se composeront :

1° Des gardes nationaux qui se présenteront
volontairement, et qui seront trouvés propres
au service actif de guerre.

2° Des jeunes gens de dix-huit à vingt ans,
qui se présenteront également volontairement

et qui seront reconnus propres au même ser-vice. Cette présentation volontaire doit être considérée comme un enrôlement volontaire; c'est donc le cas de se conformer à la loi du 10 mars 1818, qui exige la présentation d'un certificat du maire du domicile du réclamant, constatant qu'il est de bonnes vie et mœurs, et de plus son acte de naissance.

Si le nombre d'hommes à requérir ne se complète pas par ces deux moyens, le con-seil de recensement de chaque commune dé-signe, parmi tous les inscrits sur le contrôle du service ordinaire et sur celui du service extraordinaire, dans l'ordre qui suit :

1° Les célibataires, et l'on classe parmi eux tout homme qui, postérieurement à la pro-mulgation de la loi du 22 mars 1831, se ma-rierait avant d'avoir atteint l'âge de vingt-trois ans.

Loi du 22 mars
1831, art. 143.

2° Après les célibataires, on désigne les hommes veufs sans enfans.

3° Les hommes mariés sans enfans.

4° Enfin au besoin les mariés avec enfans. Cette répartition doit être faite dans l'ordre indiqué ci-dessus, en prenant dans chaque classe pour base l'âge, et en commençant, conformément à l'article 144, par les moins âgés. Mais on doit considérer qu'aux termes de l'article 150, les gardes qui ont des rem-plaçans à l'armée, ne sont pas dispensés du service dans les corps dont il s'agit, et qu'ils prennent rang pour l'appel entre les veufs sans enfans et les mariés sans enfans.

Loi du 22 mars
1831, art. 144. Pour la classe des célibataires, on répartit le contingent proportionnellement au nombre d'hommes appartenant à chaque année depuis vingt jusqu'à trente-cinq ans : la désignation se fait dans chaque année d'après l'âge.

On fait les appels, dans les autres classes successives, en commençant par les moins âgés jusqu'à l'âge de trente ans, en considérant les mariés depuis la loi comme plus âgés que les célibataires.

Art. 145. On placera pour cet appel, entre les mariés sans enfans, et les mariés avec enfans, l'aîné d'enfans mineurs, orphelins de père et de mère; le fils unique ou l'aîné des fils, et à défaut de fils, le petit-fils ou l'aîné petit-fils d'une femme actuellement veuve, d'un père aveugle, ou d'un vieillard septuagénaire.

Art. 146. Si l'on se croit autorisé à réclamer contre la désignation faite par le conseil de recensement, on s'adressera au jury de révision, formé d'après l'article 23 de la loi du 22 mars 1831, dont nous avons parlé plus haut; il est autorisé à statuer sur les réclamations, pourvu qu'elles ne portent que sur la désignation proprement dite, car pour ce qui concerne l'aptitude au service, elle doit être jugée par le conseil de révision dont nous allons parler dans la section suivante, ainsi que les motifs d'exemption relatifs au nombre d'enfans.

SECTION III.

Aptitude au service.

Ne sont point aptes au service des corps dé-tachés, ceux que leurs infirmités constatées rendent impropres au service militaire, et ceux qui n'ont pas la taille exigée par la loi du re-crutement.

Loi du 22 mars 1831, art. 147.

SECTION IV.

Du conseil de révision.

Ce conseil est composé de sept membres, savoir: Art. 148.

Le préfet président, et à son défaut, un con-seiller de préfecture par lui délégué ;

Trois membres du conseil de recensement désignés par le préfet, mais pris parmi les membres des conseils de recensement des com-munes qui concourent à la formation du ba-taillon ;

Le chef de bataillon ;

Et deux capitaines dudit bataillon nommés par le général commandant la subdivision mi-litaire ou le département. Comme il s'agit par ce conseil de prononcer non seulement sur les motifs d'exemption relatifs au nombre d'en-fans, mais encore sur l'aptitude au service, le législateur a cru devoir le rendre mixte, et y faire entrer des magistrats administratifs et des officiers militaires. Art. 149.

SECTION V.

Des remplaçans et des remplacés.

Loi du 22 mars 1831, art. 150. Ne sont pas dispensés du service de la garde nationale dans les corps détachés, les gardes nationaux qui ont des remplaçans à l'armée, mais ils sont classés, pour l'appel, immédiatement après les veufs sans enfans.

Art. 151. Tout garde national désigné pour faire partie d'un corps détaché en service de guerre peut se faire remplacer par un Français âgé de dix-huit à quarante ans : bien entendu que ce remplaçant réunira toutes les qualités que la loi exige pour que l'on soit apte au service ; d'ailleurs, il devra être agréé par le conseil de révision, dont nous avons parlé dans la section précédente.

Art. 152. Dans le cas où le remplaçant serait appelé à servir pour son compte, le remplacé sera tenu de marcher lui-même ou de fournir un autre remplaçant.

Enfin, si le remplaçant vient à déserter, le remplacé reste responsable de ce fait, et par **Art. 153.** conséquent doit fournir un autre homme; bien entendu que cette responsabilité n'ira pas jusqu'à subir la peine corporelle pour le coupable.

Enfin, l'homme qui s'est fait remplacer dans un corps détaché de la garde nationale, lorsqu'il est porté sur le rôle de service ordinaire, ne cesse pas pour cela de concourir à ce service , quand même il s'agirait de faire partie Loi du 22 mars 1831, art. 154. des détachemens en service ordinaire, dont nous avons parlé dans le chapitre précédent, et qui sont organisés d'après le titre 5 de la loi du 22 mars 1831.

SECTION VI.

Formation et organisation.

Tout ce qui tient à l'organisation , à la formation en bataillons, escadrons et compagnies de ces détachemens, au grade des officiers, à la composition et à l'installation des conseils d'administration , à la solde et à la nourriture de ces corps, aux droits à la retraite , enfin à l'habillement et à l'uniforme, se trouve spécifié dans les six articles de la section 3 du titre 6 de la loi du 22 mars 1831 , imprimé à la suite de ce traité; mais comme cette partie est étrangère à la discipline et à la justice des troupes, principal objet des deux parties du guide des juges militaires et des conseils de discipline de la garde nationale, nous n'insisterons pas sur cette section, que l'on pourra consulter, et qui n'offre aucune obscurité.

SECTION VII.

Discipline des corps détachés.

Attendu que lorsque les corps détachés de Art. 161. la garde nationale pour le service de guerre sont organisés, ils sont soumis à la discipline, et par suite à la justice militaire, il sera important, pour connaître tout ce qui est relatif à cet objet, de consulter notre *Guide des juges militaires*, servant de première partie à l'ouvrage complet sur la justice militaire et sur la discipline de la garde nationale.

Ainsi, les gardes nationaux en corps détachés pour le service de guerre sont passibles de toutes les peines infligées aux troupes composant l'armée de terre, et justiciables des conseils de guerre et de révision existant pour la répression des crimes et des délits; seulement d'après l'article 161 de la loi du 22 mars 1831, lorsque ces gardes nationaux refusent d'obtempérer à la réquisition qui leur est faite légalement de prendre ce service, ils sont punis d'un emprisonnement qui ne peut excéder deux ans; et lorsqu'ils quittent leur corps sans autorisation, ils sont punis d'un emprisonnement qui ne peut excéder trois ans; pourvu toutefois que cette désertion n'ait pas lieu en présence de l'ennemi; car, dans ce dernier cas, ils resteront passibles des peines encourues par les autres militaires qui désertent en présence de l'ennemi.

Nous pensons que les gardes nationaux qui refusent d'obtempérer à la réquisition qui leur est faite, ainsi que ceux qui désertent après avoir répondu à l'appel, étant considérés comme militaires, sont justiciables des conseils de guerre de la division territoriale, ou de l'armée où leur bataillon fait le service.

Dispositions générales.

Toutes les dispositions des lois, décrets et ordonnances relatives à l'organisation et à la discipline des gardes nationales ayant été abrogées par l'article 162 de la loi du 22 mars 1831, nous pensons que pour l'objet dont nous nous sommes spécialement occupés, c'est-à-dire la discipline et la justice concernant les diverses espèces de la garde nationale, il suffit de consulter cette loi, placée à la fin de ce recueil, les observations que nous y avons faites, les tables et tableaux que nous avons dressés, et les articles des Codes que cette même loi rappelle, ou auxquelles elle renvoie.

Loi du 22 mars 1831, art. 148.

FORMULE DE JUGEMENT

DES CONSEILS DE DISCIPLINE.

—

Jugement portant condamnation.

AU NOM DU ROI.

Cejourd'hui (*mettre la date du mois et l'année*), le conseil de discipline de la compagnie, bataillon ou légion, créé en vertu de la loi du 22 mars 1831, composé de MM. (*mettre les noms et les grades des membres présens du conseil de discipline*). M. (*le nom et le grade du rapporteur*), faisant les fonc-

6

tions de rapporteur, assisté de M. (*le nom du secrétaire*) faisant celle de secrétaire.

Le conseil , convoqué par l'ordre de son président,
s'est réuni dans le lieu ordinaire de ses séances (*par-
ticulariser ce lieu*), à l'effet de juger (*mettre ici
les noms, état et grade de l'accusé*), accusé de (*énon-
cer ici la faute*).

La séance ayant été ouverte , le prévenu ou M.. ..,
fondé de pouvoir du prévenu (*s'il a un conseil on
mettra*), assisté de son conseil présent ; le secrétaire,
après avoir appelé l'affaire , a lu le rapport, le procès-verbal ou la plainte , et les pièces à l'appui.

M. le président ayant interrogé (*mettre ici le nom
de l'accusé*) sur les faits à sa charge, après avoir entendu les témoins (*s'il en a été appelé*) tant à charge
qu'à décharge.

Ouï le rapporteur, dans son rapport et ses conclusions, et l'accusé dans ses moyens de défense, tant
par lui que par son conseil (*s'il en existe un*),
lesquels ont déclaré n'avoir rien à ajouter à leurs
moyens de défense; le président a demandé aux
membres du conseil de discipline s'ils avaient des
observations à faire ; sur leur réponse négative et
avant d'aller aux opinions , il a prescrit à l'accusé, à
son conseil, aux rapporteurs et aux assistans, de se
retirer (*ou bien le président et les membres du conseil de discipline se sont retirés dans un local particulier*). Le conseil de discipline délibérant à huis
clos , le président a posé la question ainsi qu'il suit :
Le sieur (*mettre les nom, prénoms et grade de l'accusé*), accusé de (*rappeler ici la faute*), est-il
coupable?

Les voix recueillies en commençant par le grade
inférieur, le président ayant émis son opinion le dernier, le conseil de discipline déclare, à la majorité ,
que (*les nom et prénoms de l'accusé*) est coupable ;

et condamne le sieur (*nom, prénoms et grade du condamné*), à la peine de (*mettre la peine*), conformément à l'article   de la loi (*désigner l'article*), ainsi conçu (*relater tout au long l'article*).

Fait, clos et jugé sans désemparer en séance publique, à (*le lieu de la commune*), les jours, mois et an que dessus, et les membres du conseil de discipline ont signé avec le rapporteur et le secrétaire la minute du présent jugement. (*Les juges, le rapporteur et le secrétaire signent ici.*)

Mandons et Ordonnons à tous huissiers sur ce requis, de mettre ledit jugement à exécution, etc.

Nota. En cas de non-culpabilité, après ces mots, déclare que......... on mettra : n'est pas coupable et qu'il est acquitté.

Fait, etc.

Lorsque l'accusé fera défaut, on omettra de la formule tout ce qui suppose sa présence, et on fera mention dans le jugement qu'il a fait défaut.

Enfin, si l'on renvoie à un autre tribunal, on le mettra dans le prononcé.

LOI

RELATIVE A L'ORGANISATION

DE

LA GARDE NATIONALE.

—

Louis-Philippe, Roi des Français, à tous présens et à venir, salut ;

Les Chambres ont adopté, et nous avons ordonné et ordonnons ce qui suit :

TITRE PREMIER.

Dispositions générales.

Art. I. La garde nationale est instituée pour défendre la royauté constitutionnelle, la Charte et les droits qu'elle a consacrés ; pour maintenir l'obéissance aux lois, conserver ou rétablir l'ordre et la paix publique, seconder l'armée de ligne dans la défense des frontières et des côtes, assurer l'indépendance de la France et l'intégrité du territoire.

Toute délibération prise par la garde nationale sur les affaires de l'État, du département et de la commune est une atteinte à la liberté publique, et un délit contre la chose publique et la constitution.

2. La garde nationale est composée de tous les Français, sauf les exceptions ci-après.

3. Le service de la garde nationale consiste :

1° En service ordinaire dans l'intérieur de la commune ;

2° En service de détachemens hors du territoire de la commune ;

3° En service de corps détachés pour seconder l'armée de ligne dans les limites fixées par l'article 1er.

4. Les gardes nationales seront organisées dans tout le royaume : elles le seront par communes.

Les compagnies communales d'un canton seront formées en bataillons cantonnaux lorsqu'une ordonnance du roi l'aura prescrit.

5. Cette organisation sera permanente ; toutefois, le roi pourra suspendre ou dissoudre la garde nationale en des lieux déterminés.

Dans ces deux cas , la garde nationale sera remise en activité ou réorganisée dans l'année qui s'écoulera à compter du jour de la suspension ou de la dissolution , s'il n'est pas intervenu une loi qui prolonge ce délai.

Dans le cas où la garde nationale résisterait aux réquisitions légales des autorités , ou bien s'immiscerait dans les actes des autorités municipales, administratives ou judiciaires, le préfet pourra provisoirement la suspendre.

Cette suspension n'aura d'effet que pendant deux mois, si, pendant cet espace de temps, elle n'est pas maintenue , ou si la dissolution n'est pas prononcée par le roi.

6. Les gardes nationales sont placées sous l'autorité des maires, des sous-préfets, des préfets et du ministre de l'intérieur.

Lorsque la garde nationale sera réunie, en tout ou en partie, au chef-lieu du canton ou dans une autre commune que le chef-lieu du canton, elle sera sous l'autorité du maire de la commune où sa réunion aura lieu, d'après les ordres du sous-préfet ou du préfet.

Sont exceptés les cas, déterminés par les lois, où les gardes nationales sont appelées à faire, dans leur commune ou leur canton, un service d'activité militaire, et sont mises, par l'autorité civile, sous les ordres de l'autorité militaire.

7. Les citoyens ne pourront ni prendre les armes, ni se rassembler en état de gardes nationales, sans l'ordre des chefs immédiats, ni ceux-ci donner cet ordre sans une réquisition de l'autorité civile, dont il sera donné communication à la tête de la troupe.

8. Aucun officier ou commandant de poste de la garde nationale ne pourra faire distribuer des cartouches aux citoyens armés, si ce n'est en cas de réquisition précise ; autrement, il demeurera responsable des évènemens.

TITRE II.

De l'obligation du service.

9. Tous les Français âgés de vingt à soixante ans sont appelés au service de la garde nationale, dans le lieu de leur domicile réel; ce service est obligatoire et personnel, sauf les exceptions qui seront établies ci-après.

10. Pourront être appelés à faire le service les étrangers admis à la jouissance des droits civils, conformément à l'art. 13 du Code civil, lorsqu'ils auront acquis en France une propriété, ou qu'ils y auront formé un établissement.

11. Le service de la garde nationale est incompatible avec les fonctions des magistrats qui ont le droit de requérir la force publique.

12. Ne seront pas appelés à ce service:

1° Les ecclésiastiques engagés dans les ordres; les ministres des différens cultes; les élèves des grands séminaires et des facultés de théologie;

2° Les militaires des armées de terre et de mer en activité de service; ceux qui auront reçu une destination des ministres de la guerre ou de la marine; les administrateurs ou agens commissionnés des services de terre et de mer également en activité, les ouvriers des ports, des arsenaux et des manufactures d'armes organisés militairement.

Ne sont pas compris dans cette dispense les commis et employés des bureaux de la marine au-dessous du grade de sous-commissaire;

3° Les officiers, sous-officiers et soldats des gardes municipales et autres corps soldés;

4° Les préposés des services actifs des douanes, des octrois, des administrations sanitaires; les gardes champêtres et forestiers.

13. Sont exemptés du service de la garde nationale les concierges des maisons d'arrêt, les geôliers, les guichetiers et autres agens subalternes de justice ou de police.

Le service de la garde nationale est interdit aux individus privés de l'exercice des droits civils conformément aux lois.

Sont exclus de la garde nationale:

1° Les condamnés à des peines afflictives ou infamantes ;

2° Les condamnés en police correctionnelle pour vol, escroquerie , pour banqueroute simple , abus de confiance, pour soustraction commise par des dépositaires publics; et pour attentats aux mœurs, prévus par les art. 331 et 334 du Code pénal ;

3° Les vagabonds ou gens sans aveu déclarés tels par jugement.

SECTION II.

De l'inscription au registre-matricule.

14. Les Français appelés au service de la garde nationale seront inscrits sur un registre-matricule établi dans chaque commune.

A cet effet, des listes de recensement seront dressées par le maire et révisées par un conseil de recensement, comme il est dit ci-après.

Ces listes seront déposées au secrétariat de la mairie ; les citoyens seront avertis qu'ils peuvent en prendre connaissance.

15. Il y aura au moins un conseil de recensement par commune dans les communes rurales. Et dans les villes qui ne forment pas plus d'un canton, le conseil municipal, présidé par le maire, remplira les fonctions du conseil de recensement.

Dans les villes qui renferment plusieurs cantons, le conseil municipal pourra s'adjoindre un certain nombre de personnes choisies, à nombre égal, dans les divers quartiers, parmi les citoyens qui sont ou qui seront appelés à faire le service de la garde nationale.

Le conseil municipal et les membres adjoints pourront se subdiviser , suivant les besoins, en autant de conseils de recensement qu'il y aura d'arrondissemens.

Dans ce cas , l'un des conseils sera présidé par le maire; chacun des autres le sera par l'adjoint ou par le membre du conseil municipal délégué par le maire.

Ces conseils seront composés de huit membres au moins.

A Paris, il y aura, par arrondissement, un conseil de recensement, présidé par le maire de l'arrondissement, et composé de huit membres choisis par lui, comme il est dit au troisième paragraphe de cet article.

16. Le conseil de recensement procèdera immédiatement à la révision des listes et à l'établissement du registre-matricule.

17. Au mois de janvier de chaque année, le conseil de recensement inscrira au registre-matricule les jeunes gens qui seront entrés dans leur vingtième année pendant le cours de l'année précédente, ainsi que les Français qui auront nouvellement acquis leur domicile dans la commune; il raiera dudit registre les Français qui seront entrés dans leur soixantième année pendant le cours de la même année, ceux qui auront changé de domicile, et les décédés.

Toutefois le service ne pourra être exigé avant l'âge de vingt ans accomplis.

18. Dans le courant de chaque année, le maire notera en marge du registre-matricule les mutations provenant, 1° des décès, 2° des changemens de résidence, 3° des actes en vertu desquels les personnes désignées dans les articles 11, 12 et 13, auraient cessé d'être soumises au service de la garde nationale, ou en seraient exclues.

Le conseil de recensement, sur le vu des pièces justificatives, en prononcera, s'il y a lieu, la radiation.

Le registre-matricule, déposé au secrétariat de la mairie, sera communiqué à tout habitant de la commune qui en fera la demande au maire.

TITRE III.

Du service ordinaire.

SECTION PREMIÈRE.

De l'inscription au contrôle du service ordinaire et de réserve.

19. Après avoir établi le registre-matricule, le conseil de recensement procèdera à la formation du contrôle du service ordinaire et du contrôle de réserve.

Le contrôle de service ordinaire comprendra tous les citoyens que le conseil de recensement jugera pouvoir concourir au service habituel.

Néanmoins, parmi les Français inscrits sur le registre-matricule, ne pourront être portés sur le contrôle du service ordinaire que ceux qui sont imposés à la contribution personnelle, et leurs enfans, lorsqu'ils auront atteint l'âge fixé par la loi; ou les gardes nationaux non imposés à la contribution personnelle, mais qui, ayant fait le service postérieurement au 1er août dernier, voudront le continuer.

Le contrôle de réserve comprendra tous les citoyens pour lesquels le service habituel serait une charge trop onéreuse, et qui ne devront être requis que dans les circonstances extraordinaires.

20. Ne seront pas portés sur les contrôles du service ordinaire les domestiques attachés au service de la personne.

21. Les compagnies et subdivisions de compagnie sont formées sur les contrôles du service ordinaire. Les citoyens inscrits sur les contrôles de réserve seront répartis à la suite desdites compagnies ou subdivisions de compagnies, de manière à pouvoir y être incorporés au besoin.

22. Les inscriptions et les radiations à faire sur les contrôles auront lieu d'après les règles suivies pour les inscriptions et radiations opérées sur les registres-matricules.

23. Il sera formé, à la diligence du juge de paix, dans chaque canton, un jury de révision composé du juge de paix, président, et de douze jurés désignés par le sort, sur la liste de tous les officiers, sous-officiers, caporaux et gardes nationaux sachant lire et écrire, et âgés de plus de vingt-cinq ans.

Il sera dressé une liste par commune de tous les officiers, sous-officiers, caporaux et gardes nationaux ainsi désignés: le tirage définitif des jurés sera fait sur l'ensemble de ces listes pour tout le canton.

24. Le tirage des jurés sera fait par le juge de paix en audience publique. Les fonctions de juré et celles de membre du conseil de recensement sont incompatibles.

Les jurés seront renouvelés tous les six mois.

25. Ce jury prononcera sur les réclamations relatives :

1° A l'inscription ou à la radiation sur les registres-matricules, ainsi qu'il est dit article 14;

2° A l'inscription ou à l'omission sur le contrôle du service ordinaire.

Seront admises les réclamations des tiers gardes nationaux sur qui retomberait la charge du service.

Ce jury exercera, en outre, les attributions qui lui seront spécialement confiées par les dispositions subséquentes de la présente loi.

26. Le jury ne pourra prononcer qu'au nombre de sept membres au moins, y compris le président.

Ses décisions seront prises à la majorité absolue, et ne seront susceptibles d'aucun recours.

SECTION II.

Des remplacemens, des exemptions, des dispenses du service ordinaire.

27. Le service de la garde nationale étant obligatoire et personnel, le remplacement est interdit pour le service ordinaire, si ce n'est entre les proches parens; savoir : du père par le fils, du frère par le frère, de l'oncle par le neveu, et réciproquement, ainsi qu'entre alliés aux mêmes degrés, à quelque compagnie ou bataillon qu'appartiennent les parens et les alliés.

Les gardes nationaux de la même compagnie qui ne sont ni parens ni alliés aux degrés ci-dessus désignés pourront seulement échanger leur tour de service.

28. Peuvent se dispenser du service de la garde nationale, nonobstant leur inscription:

1° Les membres des deux chambres;

2° Les membres des cours et tribunaux;

3° Les anciens militaires qui ont 50 ans d'âge et 20 années de service;

4° Les gardes nationaux ayant 55 ans;

5° Les facteurs de postes aux lettres, les agens de lignes télégraphiques, et les postillons de l'administration des postes reconnus nécessaires au service.

29. Sont dispensés du service ordinaire les personnes qu'une infirmité met hors d'état de faire le service. Toutes ces dispenses, et toutes les autres dispenses temporaires demandées pour cause d'un service public, seront prononcées par le conseil de recensement sur le vu des pièces qui en constateront la nécessité.

Les absences constatées seront un motif suffisant de dispense temporaire.

En cas d'appel, le jury de révision statuera.

SECTION III.

Formation de la garde nationale, composition des cadres.

30. La garde nationale sera formée, dans chaque commune, par subdivision de compagnie, par compagnies, par bataillons et par légions.

La cavalerie de la garde nationale sera formée, dans chaque commune ou dans le canton, par subdivision d'escadron et par escadron.

Chaque bataillon aura son drapeau, et chaque escadron son étendard.

31. Dans chaque commune, la formation en compagnies se fera de la manière suivante :

Dans les villes, chaque compagnie sera composée, autant que possible, des gardes nationaux du même quartier; dans les communes rurales, les gardes nationaux de la même commune forment une ou plusieurs compagnies ou une subdivision de compagnie.

32. La répartition en compagnies ou en subdivision de compagnies des gardes nationaux inscrits sur le contrôle du service ordinaire sera faite par le conseil de recensement.

§ 1er

Formation des compagnies.

33. Il y aura par subdivision de compagnies de gardes nationaux à pied de toutes armes :

	NOMBRE TOTAL D'HOMMES.				
	jusqu'à 14	de 15 à 20	de 20 à 30	de 30 à 40	de 40 à 50
Lieutenans..............	»	»	»	1	1
Sous-lieutenans.	»	1	1	1	1
Sergens...............	1	1	2	2	3
Caporaux..............	1	2	4	4	6
Tambour..............	»	»	»	1	1

34. La force ordinaire des compagnies sera de soixante à deux cents hommes; néanmoins la commune qui n'aura que cinquante à soixante gardes nationaux formera une compagnie.

35. Il y aura par compagnie de garde nationale à pied de toutes armes :

	NOMBRE TOTAL D'HOMMES.			
	de 50 à 80	de 80 à 100	de 100 à 140	de 140 à 200
Capitaine en premier...	1	1	1	1
Capitaine en second. ...	»	»	»	1
Lieutenant.............	1	1	2	2
Sous-lieutenans.	1	2	2	2
Sergent-major.	1	1	1	1
Sergent-fourrier........	1	1	1	1
Sergens.	4	6	6	8
Caporaux..............	8	12	12	16
Tambours.............	1	2	2	2

36. Il pourra être formé une garde à cheval dans les cantons ou communes où cette formation serait jugée utile au service, et où se trouveraient au moins dix gardes nationaux qui s'engageraient à s'équiper à leurs frais, et à entretenir chacun un cheval.

37. Il y aura par subdivision d'escadron et par escadron :

| | NOMBRE TOTAL D'HOMMES. | | | | | |
	jusqu'à 17	de 17 à 30	de 30 à 40	de 40 à 50	de 50 à 70	de 70 à 100	de 100 à 120 et au-dessus
Capitaine en premier.	»	»	»	»	»	1	1
Capitaine en second..	»	»	»	»	»	»	1
Lieutenans..........	»	»	1	1	1	2	2
Sous-lieutenans......	»	1	1	1	2	2	2
Mar.-des-logis-chef...	»	»	»	»	»	1	1
Fourrier............	»	»	»	»	»	1	1
Maréchaux-des-logis..	1	2	2	3	4	4	8
Brigadiers.	2	4	4	6	8	8	16
Trompettes.........	»	»	1	1	1	1	2

38. Dans toutes les places de guerre et dans les cantons voisins des côtes, il sera formé des compagnies ou des subdivisions de compagnies d'artillerie.

A Paris, et dans les autres villes, une ordonnance du roi pourra prescrire la formation et l'armement de compagnies ou de subdivisions de compagnies d'artillerie. L'ordonnance réglera l'organisation, la réunion ou la répartition des compagnies.

39. Les artilleurs seront choisis, par le conseil de recensement, parmi les gardes nationaux qui se présenteraient volontairement, et qui réuniraient, autant que possible, les qualités exigées pour entrer dans l'artillerie.

40. Partout où il n'existe pas de corps soldés de sapeurs-pompiers, il sera, autant que possible, formé par le conseil de recensement, des compagnies ou subdivisions de compagnies de sapeurs-pompiers volontaires, faisant partie de la garde nationale; elles seront composées principalement d'anciens officiers et soldats du génie militaire, d'officiers et agens des ponts-et-chaussées et des mines et d'ouvriers d'art.

41. Dans les ports de commerce et dans les cantons maritimes, il pourra être formé des compagnies spéciales de marins et d'ouvriers marins, ayant pour service ordinaire la protection des navires et du matériel maritime situé sur les côtes et dans les ports.

42. Toutes les compagnies spéciales concourront par arme et suivant leur force numérique au service ordinaire de la garde nationale.

§ II.

Formation des bataillons.

43. Le bataillon sera formé de quatre compagnies au moins et de huit au plus.

44. L'état-major du bataillon sera composé :

D'un chef de bataillon,

D'un adjudant-major capitaine,

D'un porte-drapeau sous-lieutenant,

D'un chirurgien aide-major,

D'un adjudant sous-officier ,

D'un tambour-maître.

A Paris, lorsque la force effective d'un bataillon sera de 1,000 hommes et plus, il pourra y avoir un chef de bataillon en second et un deuxième adjudant sous-officier.

45. Dans toutes les communes où le nombre des gardes nationaux inscrits sur le contrôle du service ordinaire s'élèvera à plus de 500 hommes, la garde nationale sera formée par bataillons.

Lorsque, dans le cas prévu par l'article 4, une ordonnance du roi aura prescrit la formation en bataillons des gardes nationales de plusieurs communes, cette ordonnance indiquera les communes dont les gardes nationales doivent participer à la formation du même bataillon.

La compagnie ou les compagnies d'une commune ne pourront jamais être réparties dans des bataillons différens.

46. Les bataillons formés par les gardes nationales d'une même commune pourront seuls avoir chacun une compagnie de grenadiers et une de voltigeurs.

47. Les compagnies de sapeurs-pompiers et de canonniers volontaires ne seront pas comprises dans la formation des bataillons de garde nationale ; elles seront cependant, ainsi que les compagnies de cavalerie, sous les ordres du commandant de la garde communale ou cantonnale.

§ III.

Formation des légions.

48. Dans les cantons et dans les villes où la garde nationale présente au moins deux bataillons de 5oo hommes
chacun, elle pourra, d'après une ordonnance du roi, être
réunie par légions.

Dans aucun cas, la garde nationale ne pourra être formée par département ni par arrondissement de sous-pré-
tecture.

49. L'état-major d'une légion sera composé :
D'un chef de légion colonel,
D'un lieutenant-colonel,
D'un major chef de bataillon,
D'un chirurgien-major,
D'un tambour-major.

A Paris et dans les villes où la nécessité en sera recon-
nue, il pourra y avoir près des légions un officier payeur
et un capitaine d'armement.

SECTION IV.

De la nomination aux grades.

5o. Dans chaque commune, les gardes nationaux appelés à former une compagnie ou subdivision de compagnie, se réuniront sans armes et sans uniforme pour
procéder, en présence du président du conseil de recensement, assisté par les deux membres les plus âgés de ce
conseil, à la nomination de leurs officiers, sous-officiers
et caporaux, suivant les tableaux des articles 33, 35 et 37.

Si plusieurs communes sont appelées à former une compagnie, les gardes nationaux de ces communes se réuniront dans la commune la plus populeuse pour nommer
leur capitaine, leur sergent-major et leur fourrier.

51. L'élection des officiers aura lieu pour chaque grade
successivement, en commençant par le plus élevé, au
scrutin individuel et secret, à la majorité absolue des suffrages.

Les sous-officiers et caporaux seront nommés à la majorité relative.

Le scrutin sera dépouillé par le président du conseil de recensement, assisté, comme il est dit dans l'article précédent, par au moins deux membres de ce conseil, lesquels rempliront les fonctions de scrutateurs.

52. Dans les villes et communes qui ont plus d'une compagnie, chaque compagnie sera appelée séparément et tour à tour pour procéder à ses élections.

53. Pour nommer le chef de bataillon et le porte-drapeau, tous les officiers du bataillon réunis à pareil nombre de sous-officiers, caporaux ou gardes nationaux, formeront une assemblée convoquée et présidée par le maire de la commune, si le bataillon est communal, et par le maire délégué du sous-préfet, si le bataillon est cantonnal.

Les sous-officiers, caporaux et gardes nationaux chargés de concourir à l'élection, seront nommés dans chaque compagnie.

Tous les scrutins d'élection seront indviduels et secrets; il faudra la majorité absolue des suffrages.

54. Les réclamations élevées relativement à l'inobservation des formes prescrites pour l'élection des officiers et sous-officiers, seront portées devant le jury de révision, qui décidera sans recours.

55. Si les officiers de tout grade, élus conformément à la loi, ne sont pas au bout de deux mois complètement armés, équipés et habillés suivant l'uniforme, ils seront considérés comme démissionnaires et remplacés sans délai.

56. Les chefs de légion et les lieutenans-colonels seront choisis par le roi sur une liste de dix candidats présentés à la majorité relative par la réunion, 1° de tous les officiers de la légion; 2° de tous les sous-officiers, caporaux et gardes nationaux désignés dans chacun des bataillons de la légion pour concourir au choix du chef de bataillon, comme il est dit article 53.

57. Les majors, adjudans-majors, chirurgiens-majors et aides-majors seront nommés par le roi.

L'adjudant sous-officier sera nommé par le chef de légion ou de bataillon.

Le capitaine d'armement et l'officier payeur seront nommés par le commandant supérieur ou le préfet, sur la présentation du chef de légion.

58. Il sera nommé aux emplois autres que ceux désignés ci-dessus, sur la présentation du chef de corps, savoir :

Par le maire, lorsque la garde nationale sera communale.

Et par le sous-préfet pour les bataillons cantonnaux.

59. Dans chaque commune, le maire fera reconnaître à la garde nationale assemblée sous les armes le commandant de cette garde. Celui-ci, en présence du maire, fera reconnaître les officiers.

Les fonctions du maire seront remplies, à Paris, par le préfet.

Pour les compagnies et bataillons qui comprennent plusieurs communes, le sous-préfet ou son délégué fera reconnaître l'officier commandant, en présence de la compagnie ou du bataillon assemblé.

Dans le mois de la promulgation de la loi, les officiers de tout grade, actuellement en fonction, et à l'avenir ceux nouvellement élus au moment où ils seront reconnus, prêteront serment de fidélité au roi des Français et d'obéissance à la Charte constitutionnelle et aux lois du royaume.

60. Les officiers, sous-officiers et caporaux seront élus pour trois ans. Ils pourront être réélus.

61. Sur l'avis du maire et du sous-préfet, tout officier de la garde nationale pourra être suspendu de ses fonctions pendant deux mois, par arrêté motivé du préfet, pris en conseil de préfecture, l'officier préalablement entendu dans ses observations.

L'arrêté du préfet sera transmis immédiatement par lui au ministre de l'intérieur.

Sur le rapport du ministre, la suspension pourra être prolongée par une ordonnance du roi.

Si, dans le cours d'une année, ledit officier n'a pas été rendu à ses fonctions, il sera procédé à une nouvelle élection.

62. Aussitôt qu'un emploi quelconque deviendra vacant, il sera pourvu au remplacement, suivant les formes établies par la présente loi.

63. Les corps spéciaux suivront, pour leur formation

et pour l'élection de leurs officiers, sous-officiers et capo·
raux, les règles prescrites par les articles 33 et suivans.

64. Dans les communes où la garde nationale formera
plusieurs légions, le roi pourra nommer un commandant
supérieur; mais il ne pourra être nommé de commandant supérieur des gardes nationales de tout un département, ou d'un même arrondissement de sous-préfecture.

Cette disposition n'est pas applicable au département de
la Seine.

65. Lorsque le roi aura jugé à propos de nommer dans
une commune un commandant supérieur, l'état-major
sera fixé, quant au nombre· et aux grades des officiers
qui devront le composer, par une ordonnance du roi.

Les officiers d'état-major seront nommés par le roi, sur
la présentation du commandant supérieur, qui ne pourra
choisir les candidats que parmi les gardes nationaux de la
commune.

66. Il ne pourra y avoir dans la garde nationale aucun
grade sans emploi.

67. Aucun officier exerçant un emploi actif dans les armées de terre et de mer, ne pourra être nommé officier ni
commandant supérieur des gardes nationales en service
ordinaire.

SECTION V.

De l'uniforme, des armes et des préséances.

68. L'uniforme des gardes nationales sera déterminé
par une ordonnance du roi; les signes distinctifs des
grades seront les mêmes que ceux de l'armée.

69. Lorsque le gouvernement jugera nécessaire de délivrer des armes de guerre aux gardes nationales, le nombre d'armes reçu sera constaté dans chaque municipalité, au moyen d'états émargés par les gardes nationaux à
l'instant où les armes leur seront délivrées.

L'entretien de l'armement est à la charge du garde na·
tional, et les réparations, en cas d'accident causé par le
service, sont à la charge de la commune.

Les gardes nationaux et les communes sont responsables
des armes qui leur auront été délivrées; ces armes restent
la propriété de l'État.

Les armes seront poinçonnées et numérotées.

70. Les diverses armes dont se compose la garde nationale sont assimilées, pour le rang à conserver entre elles, aux armes correspondantes des forces régulières.

71. Toutes les fois que la garde nationale sera réunie, les différens corps prendront la place qui leur sera assignée par le commandant supérieur.

72. Dans tous les cas où les gardes nationales serviront avec les corps soldés, elles prendront le rang sur eux.

Le commandement dans les fêtes ou cérémonies civiles appartiendra à celui des officiers de divers corps qui aura la supériorité du grade, ou, à grade égal, à celui qui sera le plus ancien.

SECTION VI.

Ordre du service ordinaire.

73. Le règlement relatif au service ordinaire, aux revues et aux exercices, sera arrêté par le maire sur la proposition du commandant de la garde nationale, et approuvé par le sous-préfet.

Les chefs pourront, en se conformant à ce règlement, et sans réquisition particulière, mais après en avoir prévenu l'autorité municipale, faire toutes les dispositions, et donner tous les ordres relatifs au service ordinaire, aux revues et aux exercices.

Dans les villes de guerre, la garde nationale ne pourra prendre les armes ni sortir des barrières qu'après que le maire en aura informé par écrit le commandant de la place.

74. Lorsque la garde nationale des communes sera organisée en bataillons cantonnaux, le règlement sur les exercices et revues sera arrêté par le sous-préfet, sur la proposition de l'officier le plus élevé en grade du canton, et sur l'avis des maires des communes.

75. Le préfet pourra suspendre les revues et exercices dans les communes et dans les cantons de son département, à la charge d'en rendre immédiatement compte au ministre de l'intérieur.

7*

76. Pour l'ordre du service, il sera dressé par les sergens-majors un contrôle de chaque compagnie, signé du capitaine, et indiquant les jours où chaque garde national aura fait un service.

77. Dans les communes où la garde nationale est organisée par bataillons, l'adjudant-major tiendra un état, par compagnie, des hommes commandés chaque jour dans son bataillon.

Cet état servira à contrôler le rôle de chaque compagnie.

78. Tout garde national commandé pour le service devra obéir, sauf à réclamer, s'il s'y croit fondé, devant le chef du corps.

SECTION VII.

De l'administration.

79. La garde nationale est placée, pour son administration et sa comptabilité, sous l'autorité administrative et municipale.

Les dépenses de la garde nationale sont votées, réglées et surveillées comme toutes les autres dépenses municipales.

80. Il y aura dans chaque légion, ou dans chaque bataillon, formé par les gardes nationaux d'une même commune, un conseil d'administration chargé de présenter annuellement au maire l'état des dépenses nécessaires, et de viser les pièces justificatives de l'emploi fait des fonds.

Le conseil sera composé du commandant de la garde nationale, qui présidera, et de six membres choisis parmi les officiers, sous-officiers et gardes nationaux.

Il y aura également, par bataillon cantonnal, un conseil d'administration chargé des mêmes fonctions, et qui devra présenter au sous préfet l'état des dépenses résultant de la formation du bataillon.

Les membres du conseil d'administration seront nommés par le préfet sur une liste triple de candidats, présentés par le chef de légion ou par le chef de bataillon dan les communes où il n'est pas formé de légion.

Dans les communes où la garde nationale comprendra

une ou plusieurs compagnies non réunies en bataillon , l'état des dépenses sera soumis au maire par le commandant de la garde nationale.

81. Les dépenses ordinaires de la garde nationale sont :

1° Les frais d'achat des drapeaux, des tambours et des trompettes ;

2° La partie d'entretien des armes qui ne sera pas à la charge individuelle des gardes nationaux ;

3° Les frais de registres, papiers, contrôles, billets de garde, et tous les menus frais de bureau qu'exigera le service de la garde nationale.

Les dépenses extraordinaires sont :

1° Dans les villes qui , d'après l'article 64 , recevront un commandant supérieur, les frais d'indemnités pour dépenses indispensables de ce commandant et de son état-major ;

2° Dans les communes et les cantons où seront formés des bataillons ou légions, les appointemens des majors , adjudans-majors, et adjudans sous-officiers, si ces fonctions ne peuvent pas être exercées gratuitement ;

3° L'habillement et la solde des tambours et trompettes.

Les conseils municipaux jugeront de la nécessité de ces dépenses.

Lorsqu'il sera créé des bataillons cantonnaux, la répartition de la portion afférente à chaque commune du canton, dans les dépenses du bataillon , autres que celles des compagnies, sera faite par le préfet en conseil de préfecture , après avoir pris l'avis des conseils municipaux.

SECTION VIII.

§ Ier.

Des peines.

82. Les chefs de poste pourront employer, contre les gardes nationaux de service , les moyens de répression qui suivent :

1° Une faction hors de tour contre tout garde national qui aura manqué à l'appel, ou qui se sera absenté du poste sans autorisation ;

2° La détention dans la prison du poste, jusqu'à la relevée de la garde, contre tout garde national de service en état d'ivresse, ou qui se sera rendu coupable de bruit, tapage, voies de fait, ou de provocation au désordre ou à la violence, sans préjudice du renvoi au conseil de discipline, si la faute emporte une punition plus grave.

83. Sur l'ordre du chef du corps, indépendamment du service régulièrement commandé, et que le garde national, le caporal ou le sous-officier doit accomplir, il sera tenu de monter une garde hors de tour, lorsqu'il aura manqué pour la première fois au service.

84. Les conseils de discipline pourront, dans les cas énumérés ci-après, infliger les peines suivantes :

1° La réprimande ;
2° Les arrêts pour trois jours au plus ;
3° La réprimande avec mise à l'ordre ;
4° La prison pour trois jours au plus ;
5° La privation du grade.

Si dans les communes où s'étend la juridiction du conseil de discipline, il n'existe ni prison, ni local pouvant en tenir lieu, le conseil pourra commuer la peine de prison en une amende d'une journée à dix journées de travail.

85. Sera puni de la réprimande l'officier qui aura commis une infraction, même légère, aux règles du service.

86. Sera puni de la réprimande, avec mise à l'ordre, l'officier qui, étant de service ou en uniforme, tiendra une conduite propre à porter atteinte à la discipline de la garde nationale ou à l'ordre public.

87. Sera puni des arrêts ou de la prison. suivant la gravité des cas, tout officier qui, étant de service, se sera rendu coupable des fautes suivantes :

1° La désobéissance et l'insubordination ;
2° Le manque de respect, les propos offensans et les insultes envers des officiers d'un grade supérieur ;
3° Tout propos outrageant envers un subordonné, et tout abus d'autorité ;
4° Tout manquement à un service commandé ;
5° Toute infraction aux règles du service.

88. Les peines énoncées dans les articles 85 et 86 pour-

ront, dans les mêmes cas, et suivant les circonstances, être appliquées aux sous-officiers, caporaux et gardes nationaux.

89. Pourra être puni de la prison, pendant un temps qui ne pourra excéder deux jours, et, en cas de récidive trois jours :

1° Tout sous-officier, caporal et garde national coupable de désobéissance et d'insubordination, ou qui aura refusé, pour la seconde fois, un service d'ordre et de sûreté ;

2° Tout sous-officier, caporal et garde national qui, étant de service, sera dans un état d'ivresse, ou tiendra une conduite qui porte atteinte à la discipline de la garde nationale ou à l'ordre public ;

3° Tout garde national qui, étant de service, aura abandonné ses armes ou son poste avant qu'il ne soit relevé.

90. Sera privé de son grade tout officier, sous-officier ou caporal qui, après avoir subi une condamnation du conseil de discipline, se rendra coupable d'une faute qui entraîne l'emprisonnement, s'il s'est écoulé moins d'un an depuis la première condamnation. Pourra également être privé de son grade tout officier, sous-officier et caporal qui aura abandonné son poste avant qu'il ne soit relevé.

Tout officier, sous-officier et caporal privé de son grade par jugement, ne pourra être réélu qu'aux élections générales.

91. Le gade national prévenu d'avoir vendu à son profit les armes de guerre ou les effets d'équipement qui lui ont été confiés par l'État ou par les communes, sera renvoyé devant le tribunal de police correctionnelle, pour y être poursuivi à la diligence du ministère public, et puni, s'il y a lieu, de la peine portée en l'article 408 du Code pénal, sauf l'application, le cas échéant, de l'article 463 dudit Code.

Le jugement de condamnation prononcera la restitution, au profit de l'État ou de la commune, du prix des armes ou effets vendus.

92. Tout garde national qui, dans l'espace d'une année,

aura subi deux condamnations du conseil de discipline pour refus de service, sera, pour la troisième fois, traduit devant les tribunaux de police correctionnelle, et condamné à un emprisonnement qui ne pourra être moindre de cinq jours ni excéder dix jours.

En cas de récidive, l'emprisonnement ne pourra être moindre de dix jours ni excéder vingt jours.

Il sera en outre condamné aux frais et à une amende qui ne pourra être moindre de 5 francs ni excéder 15 francs dans le premier cas; et dans le deuxième, être moindre de 15 francs ni excéder 5o francs.

93. Tout chef de corps, poste ou détachement de la garde nationale, qui refusera d'obtempérer à une réquisition des magistrats ou fonctionnaires investis du droit de requérir la force publique, ou qui aura agi sans réquisition et hors des cas prévus par la loi, sera poursuivi devant les tribunaux, et puni conformément aux articles 234 et 258 du Code pénal.

La poursuite entraînera la suspension, et, s'il y a condamnation, la perte du grade.

§ II.

Des conseils de discipline.

94. Il y aura un conseil de discipline :

1° Par bataillon communal on cantonnal;

2° Par commune ayant une ou plusieurs compagnies non réunies en bataillon ;

3° Par compagnie formée des gardes nationaux de plusieu rs communes.

95. Dans les villes qui comprendront une ou plusieurs légions, il y aura un conseil de discipline pour juger les officiers supérieurs de légion et officiers d'état-major non justiciables des conseils de discipline ci-dessus.

96. Le conseil de discipline de la garde nationale d'une commune ayant une ou plusieurs compagnies non réunies en bataillon, et celui d'une compagnie formée de gardes nationaux de plusieurs communes, seront composés de cinq juges, savoir :

Un capitaine, président; un lieutenant ou un sous-lieutenant, un sergent, un caporal et un garde national,

97. Le conseil de discipline du bataillon sera composé de sept juges, savoir :

Le chef de bataillon, président ; un capitaine, un lieutenant ou un sous-lieutenant, un sergent, un caporal et deux gardes nationaux.

98. Le conseil de discipline, pour juger les officiers supérieurs et officiers d'état-major, sera composé de sept juges, savoir :

D'un chef de légion, président ; de deux chefs de bataillon, de deux capitaines, et de deux lieutenans ou sous-lieutenans.

99. Lorsqu'une compagnie sera formée des gardes nationaux de plusieurs communes, le conseil de discipline siégera dans la commune la plus populeuse.

100. Dans le cas où le prévenu serait officier, deux officiers du grade du prévenu entreront dans le conseil de discipline, et remplaceront les deux derniers membres.

S'il n'y a pas dans la commune deux officiers du grade du prévenu, le sous-préfet les désignera par la voie du sort, parmi ceux du canton, et, s'il ne s'en trouve pas dans le canton, parmi ceux de l'arrondissement.

S'il s'agit de juger un chef de bataillon, le préfet désignera, par la voie du sort, deux chefs de bataillon des cantons ou des arrondissemens circonvoisins.

101. Il y aura, par conseil de discipline de bataillon ou de légion, un rapporteur ayant rang de capitaine ou de lieutenant, et un secrétaire ayant rang de lieutenant ou de sous-lieutenant.

Dans les villes où il se trouvera plusieurs légions, il y aura, par conseil de discipline, un rapporteur-adjoint et un secrétaire-adjoint, du grade inférieur à celui du rapporteur et du secrétaire.

102. Lorsque la garde nationale d'une commune ne formera qu'une ou plusieurs compagnies non réunies en bataillon, un officier ou un sous-officier remplira les fonctions de rapporteur, et un sous-officier celles de secrétaire du conseil de discipline.

103. Le sous-préfet choisira l'officier ou les sous-officiers rapporteurs et secrétaires du conseil de discipline, sur les listes de trois candidats désignés par le chef de

légion, ou, s'il n'y a pas de légion, par le chef de bataillon.

Dans les communes où il n'y a pas de bataillon, des listes de candidats seront dressées par le plus ancien capitaine.

Les rapporteurs, rapporteurs-adjoints, secrétaires et secrétaires-adjoints, seront nommés pour trois ans : ils pourront être réélus.

Le préfet, sur le rapport des maires et des chefs de corps, pourra les révoquer ; il sera, dans ce cas, procédé immédiatement à leur remplacement par le mode d'organisation ci-dessus indiqué.

104. Les conseils de discipline sont permanens ; ils ne pourront juger que lorsque cinq membres au moins seront présens dans les conseils de bataillon et de légion, et trois membres au moins dans les conseils de compagnie. Les juges seront renouvelés tous les quatre mois. Néanmoins, lorsqu'il n'y aura pas d'officier du même grade que le président ou les juges du conseil de discipline, ceux-ci ne seront point remplacés.

105. Le président du conseil de recensement, assisté du chef de bataillon, ou du capitaine commandant, si les compagnies ne sont pas réunies en bataillon, formera, d'après le contrôle du service ordinaire, un tableau général, par grade et par rang d'âge, de tous les officiers, sous-officiers et caporaux, et d'un nombre double de gardes nationaux de chaque bataillon, ou des compagnies de la commune, ou de la compagnie formée de plusieurs communes.

Ils déposeront ce tableau, signé par eux, au lieu des séances des conseils de discipline, où chaque garde national pourra en prendre connaissance.

106. Lorsque la garde nationale d'une commune ou d'un canton n'aura qu'un seul conseil de discipline, les gardes nationaux faisant partie des corps d'artillerie, de sapeurs-pompiers et de cavalerie, seront justiciables de ce conseil.

S'il y a plusieurs bataillons dans le même canton, les gardes nationaux ci-dessus désignés seront justiciables du même conseil de discipline que les compagnies de leur commune.

S'il y a plusieurs bataillons dans la même commune, le préfet déterminera de quels conseils de discipline les mêmes gardes nationaux seront justiciables.

Dans ces trois cas, les officiers, sous-officiers, caporaux et gardes nationaux des corps ci-dessus désignés, concourront pour la formation du tableau du conseil de discipline.

Lorsqu'en vertu d'une ordonnance du roi les corps d'artillerie et de cavalerie seront réunis en légion, ils auront un conseil de discipline particulier.

107. Les juges de chaque grade ou gardes nationaux seront pris successivement d'après l'ordre de leur inscription au tableau.

108. Tout garde national qui aura été condamné trois fois par le conseil de discipline, ou une fois par le tribunal de police correctionnelle, sera rayé, pour une année, du tableau servant à former le conseil de discipline.

109. Toute réclamation pour être réintégré sur le tableau, ou pour en faire rayer un garde national, sera porté devant le jury de révision.

§ III.

De l'instruction et des jugemens.

110. Le conseil de discipline sera saisi, par le renvoi que lui fera le chef de corps, de tous rapports, ou procès-verbaux, ou plaintes constatant les faits qui peuvent donner lieu au jugement de ce conseil.

111. Les plaintes, rapports et procès-verbaux seront adressés à l'officier rapporteur, qui fera citer le prévenu à la plus prochaine des séances du conseil.

Le secrétaire enregistrera les pièces ci-dessus.

La citation sera portée à domicile par un agent de la force publique.

112. Les rapports, procès-verbaux ou plaintes constatant des faits qui donneraient lieu à la mise en jugement devant le conseil de discipline du commandant de la garde nationale d'une commune, seront adressés au maire, qui en référera au sous-préfet. Celui-ci procé-

dera à la composition du conseil de discipline conformément à l'art. 100.

113. Le président du conseil convoquera les membres sur la réquisition de l'officier rapporteur toutes les fois que le nombre et l'urgence des affaires lui paraîtront l'exiger.

114. En cas d'absence, tout membre du conseil de discipline non valablement excusé sera condamné à une amende de 5 francs par le conseil de discipline, et il sera remplacé par l'officier, sous-officier, caporal ou garde national, qui devra être appelé immédiatement après lui.

Dans les conseils de discipline des bataillons cantonnaux, le juge absent sera remplacé par l'officier, sous-officier, caporal ou garde national du lieu où siége le conseil, qui devra être appelé d'après l'ordre du tableau.

115. Le garde national cité comparaîtra en personne ou par un fondé de pouvoir.

Il pourra être assisté d'un conseil.

116. Si le prévenu ne comparaît pas au jour et à l'heure fixés par la citation, il sera jugé par défaut.

L'opposition au jugement par défaut devra être formée dans le délai de trois jours, à compter de la notification du jugement. Cette opposition pourra être faite par déclaration au bas de la signification. L'opposant sera cité pour comparaître à la plus prochaine séance du conseil de discipline.

S'il n'y a pas opposition, ou si l'opposant ne comparaît pas à la séance indiquée, le jugement par défaut sera définitif.

117. L'instruction de chaque affaire devant le conseil sera publique, à peine de nullité.

La police de l'audience appartiendra au président, qui pourra faire expulser ou arrêter quiconque troublerait l'ordre.

Si le trouble est causé par un délit, il en sera dressé procès-verbal.

L'auteur du trouble sera jugé de suite par le conseil, s' c'est un garde national, et si la faute n'emporte qu'une peine que le conseil puisse prononcer.

Dans tout autre cas, le prévenu sera renvoyé, et le procès-verbal transmis au procureur du roi.

118. Les débats devant le conseil auront lieu dans l'ordre suivant :

Le secrétaire appellera l'affaire.

En cas de récusation, le conseil statuera. Si la récusation est admise, le président appellera, dans les formes indiquées par l'article 114, les juges suppléans nécessaires pour compléter le conseil.

Si le prévenu décline la juridiction du conseil de discipline, le conseil statuera d'abord sur sa compétence ; s'il se déclare incompétent, l'affaire sera renvoyée devant qui de droit.

Le secrétaire lira le rapport, le procès-verbal ou la plainte, et les pièces à l'appui.

Les témoins, s'il en a été appelé par le rapporteur et le prévenu, seront entendus.

Le prévenu ou son conseil sera entendu.

Le rapporteur résumera l'affaire et donnera ses conclusions.

L'inculpé ou son fondé de pouvoir et son conseil pourront proposer leurs observations.

Ensuite le conseil délibérera en secret et hors de la présence du rapporteur, et le président prononcera le jugement.

119. Les mandats d'exécution de jugement des conseils de discipline seront délivrés dans la même forme que ceux des tribunaux de simple police.

120. Il n'y aura de recours contre les jugemens définitifs des conseils de discipline que devant la cour de cassation, pour incompétence ou excès de pouvoirs, ou contravention à la loi.

Le pourvoi en cassation ne sera suspensif qu'à l'égard des jugemens prononçant l'emprisonnement, et sera dispensé de la mise en état. Dans tous les cas, ce recours ne sera assujéti qu'au quart de l'amende établie par la loi.

121. Tous actes de poursuites devant les conseils de discipline, tous jugemens, recours et arrêts rendus en vertu de la présente loi, seront dispensés du timbre et enregistrés gratis.

122. Le garde national condamné aura trois jours francs, à partir du jour de la notification, pour se pourvoir en cassation.

TITRE IV.

Mesures exceptionnelles et transitoires pour la garde nationale en service ordinaire.

123. Dans les trois mois qui suivront la promulgation de la présente loi, il sera procédé à une nouvelle élection d'officiers, sous-officiers et caporaux dans tous les corps de la garde nationale.

Néanmoins, le gouvernement pourra suspendre pendant un an la réélection des officiers dans les localités où il le jugera convenable.

124. Le roi pourra suspendre l'organisation de la garde nationale pour une année dans les communes qui forment un ou plusieurs cantons, et dans les communes rurales pour un temps qui ne pourra excéder trois ans.

Les délais ne pourront être prorogés qu'en vertu d'une loi.

125. Les organisations actuelles de la garde nationale par compagnies, par bataillons et par légions, qui ne se trouveraient pas conformes aux dispositions de la présente loi, pourront être provisoirement maintenues par une ordonnance du roi, sans toutefois que cette autorisation puisse dépasser l'époque du 1er janvier 1832.

126. Les compagnies qui dépassent le maximum fixé par la présente loi ne recevront pas de nouvelles incorporations, jusqu'à ce qu'elles soient rentrées dans les limites voulues par cette loi, à moins que toutes les compagnies du bataillon ne soient au complet.

TITRE V.

Des détachemens de la garde nationale.

SECTION PREMIÈRE.
Appel et service des détachemens.

127. La garde nationale doit fournir des détachemens dans les cas suivans :

1° Fournir, par détachement, en cas d'insuffisance de

la gendarmerie et de la troupe de ligne, le nombre
d'hommes nécessaire pour escorter d'une ville à l'autre
les convois de fonds ou d'effets appartenant à l'état, et
pour la conduite des accusés, des condamnés en autres
prisonniers;

2° Fournir des détachemens pour porter secours aux
communes, arrondissemens et départemens voisins qui
seraient troublés ou menacés par des émeutes ou des sé-
ditions, ou par l'incursion de voleurs, brigands et autres malfaiteurs.

128. Lorsqu'il faudra porter secours d'un lieu dans un
autre pour le maintien ou le rétablissement de l'ordre et
de la paix publique, des détachemens de la garde nationale, en service ordinaire, seront fournis, afin d'agir
dans toute l'étendue de l'arrondissement, sur la réquisition du sous-préfet ; dans toute l'étendue du département
sur la réquisition du préfet; enfin, s'il faut agir hors du
département, en vertu d'une ordonnance du roi.

En cas d'urgence, et sur la demande écrite du maire
d'une commune en danger, les maires des communes limitrophes, sans distinction de département, pourront
néanmoins requérir un détachement de la garde nationale
de marcher immédiatement sur le point menacé, sauf à
rendre compte, dans le plus bref délai, du mouvement et
des motifs à l'autorité sepérieure

Dans tous ces cas, les détachemens de la garde nationale ne cesseront pas d'être sous l'autorité civile. L'autorité
militaire ne prendra le commandemeut des détachemens
de la garde nationale, pour le maintien de la paix publique, que sur la réquisition de l'autorité administrative.

129. L'acte en vertu duquel, dans les cas déterminés
par les deux articles précédens, la garde nationale est appelée à faire un service de détachemens, fixera le nombre
des hommes requis.

130. Lors de l'appel fait conformément aux articles précédens, le maire, assisté du commandant de la garde natio
nale de chaque commune, formera les détachemens parmi
les hommes inscrits sur le contrôle du service ordinaire,
en commençant par les célibataires et les moins âgés.

131. Lorsque les détachemens des gardes nationales

s'éloigneront de leur commune pendant plus de vingt-quatre heures, ils seront assimilés à la troupe de ligne pour là solde, l'indemnité de route et les prestations en nature.

132. Les détachemens à l'intérieur ne pourront être requis de faire un service, hors de leus foyers, de plus de dix jours, sur la réquisition du sous-préfet; de plus de vingt jours, sur la réquisition du préfet ; et de plus de soixante jours , en vertu d'une ordonnance du roi.

SECTION II.

Discipline.

133. Lorsque, conformément à l'article 127, la garde nationale devra fournir des détachemens en service ordinaire, sur la réquisition du préfet, du sous-préfet, ou en vertu d'une ordonnance du roi , les peines de discipline seront fixées ainsi qu'il suit :

Pour les officiers.

1° Les arrêts simples, pour dix jours au plus;
2° La réprimande, avec mise à l'ordre;
3° Les arrêts de rigueur, pour six jours au plus;
4° La prison, pour trois jours au plus.

Pour les sous-officiers, caporaux et soldats.

1° La consigne, pour dix jours au plus ;
2° La réprimande, avec mise à l'ordre ;
3° La salle de discipline, pour six jours au plus ;
4° La prison, pour quatre jours au plus.

134. Les peines des arrêts de rigueur , de la prison , et de la réprimande avec mise à l'ordre , ne pourront être infligées que par le chef du corps : les autres peines pourront l'être par tout supérieur à son inférieur , à la charge d'en rendre compte dans les vingt-quatre heures , en observant la hiérarchie des grades.

135. La privation du grade, pour les causes énoncées dans les articles 90 et 93 , sera prononcée par un conseil de discipline, composé ainsi qu'il est dit à la section 8 du titre 3.

Il n'y aura qu'un seul conseil de discipline pour tous.les détachemens formés d'un même arrondissement de sous-préfecture.

136. Tout garde national désigné pour faire partie d'un détachement, qui refusera d'obtempérer à la réquisition, ou qui quittera le détachement sans autorisation, sera traduit en police correctionnelle, et puni d'un emprisonnement qui ne pourra excéder un mois : s'il est officier, sous-officier ou caporal, il sera en outre privé de son grade.

Disposition commune aux deux titres précédens.

137. Les gardes nationaux blessés pour cause de service auront droit aux secours, pensions et récompenses que la loi accorde aux militaires en activité de service.

TITRE VI.

Des corps détachés de la garde nationale pour le service de guerre.

SECTION PREMIÈRE.

Appel et service des corps détachés.

138. La garde nationale doit fournir des corps détachés pour la défense des places fortes, des côtes et des frontières du royaume, comme auxiliaires de l'armée active.

Le service de guerre des corps détachés de la garde nationale, comme auxiliaires de l'armée, ne pourra pas durer plus d'une année.

139. Les corps détachés ne pourront être tirés de la garde nationale qu'en vertu d'une loi spéciale, ou, pendant l'absence des chambres, par une ordonnance du roi, qui sera convertie en loi lors de la première session.

140. L'acte en vertu duquel la garde nationale est appelée à fournir des corps détachés pour le service de guerre fixera le nombre des hommes requis.

SECTION II.

Désignation des gardes nationaux pour la formation des corps détachés.

141. Lors de l'appel fait en vertu d'une loi ou d'une

ordonnance, conformément à l'article 139, les corps détachés de la garde nationale se composeront :

1° Des gardes nationaux qui se présenteront volontairement, et qui seront trouvés propres au service actif ;

2° Des jeunes gens de dix-huit à vingt ans qui se présenteront volontairement, et qui seront également reconnus propres au service actif ;

3° Si ces enrôlemens ne suffisaient pas pour compléter le contingent demandé, les hommes seront désignés dans l'ordre spécifié dans l'article 143 ci-après.

142. Les jeunes gens de dix-huit à vingt ans, enrôlés volontaires, ou remplaçans dans les corps détachés de la garde nationale, resteront soumis à la loi de recrutement.

Mais le temps que les volontaires auront servi dans les corps détachés de la garde nationale leur comptera en déduction de leur service dans l'armée régulière, si plus tard ils y sont appelés.

143. Les désignations des gardes nationaux pour les corps détachés seront faites par le conseil de recensement de chaque commune, parmi tous les inscrits sur le contrôle du service ordinaire, et sur le contrôle du service extraordinaire, dans l'ordre qui suit :

1re classe, les célibataires.

Seront considérés comme célibataires tous ceux qui, postérieurement à la promulgation de la présente loi, se marieraient avant d'avoir atteint l'âge de vingt-trois ans.

2° Les veufs sans enfans ;

3° Les mariés sans enfans ;

4° Les mariés avec enfans.

144. Pour la classe des célibataires, les contingens seront répartis proportionnellement au nombre d'hommes appartenant à chaque année, depuis vingt jusqu'à trente-cinq ans.

Dans chaque année, la désignation se fera d'après l'âge.

Pour chaque année, depuis vingt ans jusqu'à vingt-trois, les veufs et les mariés seront considérés comme plus âgés que les célibataires de cette année, auxquels ils sont assimilés par l'article 143, § 1er.

Dans chacune des autres classes successives, les appels seront toujours faits en recommençant par les moins âgés, jusqu'à l'âge de trente ans.

145. L'aîné d'orphelins mineurs de père et de mère, le fils unique ou l'aîné des fils, ou, à défaut de fils, le petit-fils ou l'aîné des petits-fils d'une femme actuellement veuve, d'un père aveugle ou d'un vieillard septuagénaire, prendront rang dans l'appel au service des corps détachés entre les mariés sans enfans et les mariés avec enfans.

146. En cas de réclamations pour les désignations faites par le conseil de recensenent, il sera statué par le jury de révision.

147. Ne sont point aptes au service militaire des corps détachés :

1° Les gardes nationaux qui n'auront pas la taille fixée par la loi de recrutement;

2° Ceux que des infirmités constatées rendront impropres au service militaire.

148. L'aptitude au service sera jugée par un conseil de révision, qui se réunira dans le lieu où devra se former le bataillon.

Le conseil se composera de sept membres, savoir :

Le préfet, président, et à son défaut le conseiller de préfecture qu'il aura délégué;

Trois membres du conseil de recensement, désignés par le préfet parmi les membres des conseils de recensement des communes qui concourront à la formation du bataillon;

Le chef de bataillon;

Et deux des capitaines dudit bataillon, nommés par le général commandant la subdivision militaire ou le département.

149. Les conseils de révision apprécieront les motifs d'exemption relatifs au nombre des enfans.

150. Les gardes nationaux qui ont des remplaçans à l'armée ne sont pas dispensés du service de la garde nationale dans les corps détachés : toutefois ils ne prendront rang dans l'appel qu'après les veufs sans enfans.

151. Le garde national désigné pour faire partie d'un corps détaché pourra se faire remplacer par un Français âgé de dix-huit à quarante ans.

Le remplaçant devra être agréé par le conseil de révision.

8.

152. Si le remplaçant est appelé à servir pour son compte dans un corps détaché de la garde nationale, le remplacé sera tenu d'en fournir un autre ou de marcher lui-même.

153. Le remplacé sera, pour le cas de désertion, responsable de son remplaçant.

154. Lorsqu'un garde nat'onal porté sur le rôle du service ordinaire se sera fait remplacer dans un corps détaché de la garde nationale, il ne cessera pas pour cela de concourir au service ordinaire de la garde nationale.

SECTION III.

Formation, nomination aux emplois et administration des corps détachés de la garde nationale.

155. Les corps détachés de la garde nationale, en vertu des articles 138 et 139, seront organisés par bataillon d'infanterie et par escadron ou compagnie pour les autres armes. Le roi pourra ordonner la réunion de ces bataillons ou escadrons en légions.

156. Des ordonnances du roi détermineront l'organisation des bataillons, escadrons et compagnies; le nombre, le grade des officiers; la composition et l'installation des conseils d'administration.

157. Pour la première organisation, les caporaux et sous-officiers, les sous-lieutenans et les lieutenans seront élus par les gardes nationaux. Néanmoins les fourriers, sergens-majors, maréchaux-des-logis-chefs et adjudans sous-officiers seront désignés par les capitaines, et nommés par les chefs de corps.

Les officiers comptables, les adjudans-majors, les capitaines et les officiers supérieurs seront à la nomination du roi.

158. Les officiers à la nomination du roi pourront être pris indistinctement dans la garde nationale, dans l'armée ou parmi les militaires en retraite.

159. Les corps détachés de la garde nationale, comme auxiliaires de l'armée, sont assimilés, pour la solde et les prestations en nature, à la troupe de ligne.

Une ordonnance du roi déterminera les premières mises, les masses et les accessoires de la solde.

Les officiers, sous-officiers et soldats, jouissant d'une

pension de retraite, la cumuleront, pendant la durée du service, avec la soldé d'activité des grades qu'ils auront obtenus dans les corps détachés de la garde nationale.

160. L'uniforme et les marques distinctives des corps détachés seront les mêmes que ceux de la garde nationale en service ordinaire.

Le gouvernement fournira l'habillement, l'armement et l'équipement aux gardes nationaux qui n'en seraient pas pourvus, ou qui n'auraient pas le moyen de s'équiper et de s'armer à leurs frais.

SECTION IV.

Discipline des corps détachés.

161. Lorsque les corps détachés de la garde nationale seront organisés, ils seront soumis à la discipline militaire.

Néanmoins, lorsque les gardes nationaux refuseront d'optempérer à la réquisition, ils seront punis d'un emprisonnement qui ne pourra excéder deux ans ; et lorsqu'ils quitteront leurs corps sans autorisation, hors de la présence de l'ennemi, ils seront punis d'un emprisonnement qui ne pourra excéder trois ans.

Dispositions générales.

162. Sont et demeurent abrogées toutes les dipositions des lois, décrets et ordonnances relatifs à l'organisation et à la discipline des gardes nationales.

Sont et demeurent abrogées les dispositfons relatives au service et à l'administrtion des gardes nationales, qui seraient contraires à la présente loi.

La présente loi, discutée, délibérée et adoptée par la chambre des pairs et par celle des députés, et sanctionnée par nous cejourd'hui, sera exécutée comme loi de l'État.

DONNONS et MANDONS à nos cours et tribunaux, préfets, corps administratifs et tous autres, que ces présentes, ils gardent et maintiennent, fassent garder, observer et maintenir, et pour les rendre plus notoires à tous, ils les fassent publier et enregistrer partout où besoin sera, et afin que ce soit chose ferme et stable à toujours, nous y avons fait mettre notre sceau.

Fait à Paris, au Palais-Royal, le vingt-deuxième jour du mois de mars, l'an 1831.

Signé LOUIS-PHILIPPE.

Par le roi :

Le Président du conseil, Ministre secrétaire d'état au département de l'intérieur,

CASIMIR PÉRIER.

ARTICLES DES CODES

NÉCESSAIRES A CONNAITRE POUR L'EXÉCUTION DE CETTE LOI.

—

ARTICLE 69 DE LA CHARTE.

Loi du 22 mars 1831, art. 1.

Il sera pourvu successivement par des lois séparées, dans le plus court délai possible, entre autres objets à l'organisation de la garde nationale, avec intervention des gardes nationaux dans le choix de leurs officiers.

La garde nationale est une fédération de citoyens qui viennent contracter envers la patrie l'obligation d'être toujours prêts à la voix de l'autorité locale pour maintenir l'ordre dans l'intérieur des communes et la défense du territoire.

Art. 9.

CODE CIVIL, ARTICLE 10.

Tout enfant né d'un Français en pays étranger est Français.

ART. 13.

L'étranger qui aura été admis par l'autorisation du roi à établir son domicile en France, y jouira de tous les droits civils, tant qu'il continuera à y résider.

ART. 17.

La qualité de Français se perd : 1° par la naturalisation acquise en pays étranger ; 2° par l'acceptation non autorisée par le roi, de fonctions publiques, conférées par un gouvernement étranger ; 3° par un établissement fait en pays étranger, sans espoir de retour.

Les établissemens de commerce ne pourront jamais être considérés comme ayant été faits sans espoir de retour.

CODE DE PROCÉDRE CIVILE, ARTICLE 85.

Pourront les parties, assistées de leurs avoués, se défendre elles-mêmes ; le tribunal, cependant, aura la faculté de leur interdire ce droit, s'il reconnaît que la passion ou l'inexpérience les empêche de discuter leur cause avec la décence convenable ou la clarté nécessaire pour l'instruction des juges.

ART. 88.

Ceux qui assisteront aux audiences se tiendront découverts dans le respect et le silence. Tout ce que le président ordonnera pour le maintien de l'ordre sera exécuté ponctuellement ot à l'instant.

ART. 262

Les témoins seront entendus séparément, tant en présence qu'en l'absence des parties.

Chaque témoin avant d'être entendu, déclarera ses nom, prénoms, profession, âge et demeure ; s'il est parent ou allié à l'une des parties, à quel degré ; s'il est serviteur ou domestique de l'une d'elles, et fera serment de dire la vérité.

CODE PÉNAL, ART. 7

Les peines afflictives et infamantes sont, 1° la mort, 2° les travaux forcés à perpétuité, 3° la déportation, 4° les travaux forcés à temps, 5° la réclusion.

ART. 8.

Les peines infamantes sont : 1° le carcan, 2° le bannissement, 3° la dégradation civique.

ART. 331.

Quiconque aura commis le crime de viol, ou sera coupable de tout autre attentat à la pudeur, consommé ou tenté avec violence contre des individus de l'un ou l'autre sexe, sera puni de la réclusion.

ART. 334.

Quiconque aura attenté aux mœurs, en excitant, favorisant, ou facilitant habituellement la débauche ou la corruption de la jeunesse de l'un ou de l'autre sexe au dessous de l'âge de vingt-un ans, sera puni d'un emprisonnement de six mois à deux ans, et d'une amende de 5o fr. à 5oo fr.

Si la prostitution ou la corruption a été excitée, favorisée ou facilitée par leurs pères, mères, tuteurs ou autres personnes chargées de leur surveillance, la peine sera de deux ans à cinq ans d'emprisonnement et de 3oo fr. à 1,ooo fr. d'amende.

Art. 91.

ART. 408.

Quiconque aura détourné ou dissipé, au préjudice du propriétaire, possesseur ou détenteur, des effets, deniers, marchandises, billets, quittances, ou tous autres écrits contenant ou opérant obligation ou décharge, qui ne lui auraient été remis qu'à titre de dépôt ou pour un travail salarié, à la charge de les rendre ou de les représenter, ou d'en faire usage, ou un emploi déterminé, sera puni des peines portées en l'article 4o6.

EXTRAIT DE L'ARTICLE 4o6.

Sera puni d'un emprisonnement de deux mois au moins, de deux ans au plus, et d'une amende qui ne pourra excéder le quart des restitutions et des dommages et intérêts qui seront dus aux parties lésées, ni être moindre de vingt cinq fr.

La disposition portée au second paragraphe du précédent article pourra être appliquée.

2ᵉ PARAGRAPHE DE L'ARTICLE 4o5.

Le coupable pourra être, en outre, à compter du jour

où il aura subi sa peine, interdit, pendant cinq ans au
moins, et dix ans au plus, des droits mentionnés en l'article 42 du présent Code.

EXTRAIT DE L'ART. 42.

Les tribunaux jugeant correctionnellement, peuvent
interdire de l'exercice du droit 1° de vote et d'élection:
2° d'éligibilité; 3° d'être appelé ou nommé aux fonctions de juré ou autres fonctions publiques, ou aux emplois de l'administration, ou d'exercer des fonctions ou
emplois; 4° du port d'armes; 5° du vote et de suffrage
dans les délibérations de famille; 6° d'être tuteur, cura-
teur, si ce n'est de ses enfans et seulement sur l'avis de la
famille; 7° d'être expert ou employé comme témoin dans
les actes; 8° de témoignage en justice autrement que
pour y faire des simples déclarations.

ART. 463.

Dans tous les cas où la peine d'emprisonnement est
portée par le présent Code, si le préjudice causé n'excède
pas 25 fr., et si les circonstances paraissent atténuantes,
les tribunaux sont autorisés à réduire l'emprisonnement
même au-dessous de six jours, et l'amende même au-dessous
de 16 fr.; ils pourront aussi prononcer séparément l'une
ou l'autre de ces peines, sans qu'en aucun cas elle puisse
être au-dessous des peines de simple police.

ART. 234.

Tout commandant, tout officier ou sous-officier de la
force publique qui, après en avoir été légalement requis
par l'autorité civile, aura refusé de faire agir la force à ses
ordres, sera puni d'un emprisonnement d'un mois à trois
mois, sans préjudice des réparations civiles qui pourraient
être dues aux termes de l'article 10 du présent Code.

ART. 10.

La condamnation aux peines établies par la loi est toujours prononcée sans préjudice des restitutions et dom-
mages-intérêts qui peuvent être dus aux parties.

ART. 258.

Quiconque, sans titre, se sera immiscé dans des fonctions publiques, civiles ou militaires, ou aura fait les
actes d'une de ces fonctions, sera puni d'un emprisonnement de deux à cinq ans, sans préjudice de la peine de
faux, si l'acte porte le caractère de ce crime.

Art. 120.

EXTRAIT DE L'ART. 419 DU CODE D'INSTRUCTION CRIMINELLE.

La partie civile qui se sera pourvue en cassation sera
tenue, à peine de déchéance, de consigner une amende
de 150 francs ou de la moitié de cette somme, si l'arrêt a
été rendu par contumace ou par défaut.

EXTRAIT DE L'ART. 420.

L'amende sera encourue par les peronnes qui succom-
beront dans leur recours.

Seront dispensées de la consigner celles qui joindront à
leur demande en cassation un extrait du rôle des contri-
butions, constatant qu'elles paient moins de 6 francs, ou
un certificat du percepteur de leur commune, portant
qu'elles ne sont pas imposées.

MINISTÈRE DE L'INTÉRIEUR.

—

DIVISION DES GARDES NATIONALES

ET DES AFFAIRES MILITAIRES.

4ᵉ BUREAU. — DISCIPLINE.

ANALYSE.

Nécessité et mode de procéder sur-le-champ à l'institution des conseils de discipline, conformément à la nouvelle loi du 22 mars 1831.

Du 5 avril 1831.

Monsieur le préfet, parmi les dispositions de la nouvelle loi, celles que le vœu général appelait avec le plus d'impatience se rapportent aux *conseils de discipline*, dont l'existence était si incertaine et si équivoque à l'état transitoire d'où nous sortons. En effet, le dévouement et le zèle ont seuls et trop long-temps supporté le poids de l'honorable dette que la garde nationale a si généreusement et si courageusement acquittée. Il était temps qu'un code disciplinaire intervînt pour mettre fin au régime d'une législation vieillie et contestée, sous l'empire de laquelle l'indifférence et la mauvaise volonté pouvaient équivaloir à des causes d'exemption. Voici enfin le moment où va cesser un scandale dont s'inquiétait justement le civisme de nos bataillons.

Vous avez vu, par ma circulaire du 31 mars dernier, que nulle part l'action de la réorganisation ne doit avoir pour effet de détruire prématurément ce qui existe. La circulaire précitée vous a déjà fait connaître les conditions sous lesquelles le provisoire peut ou doit subsister, et la nature des propositions que vous avez à me faire à cet égard ; mais, quelque délai qu'entraînent les solutions à vous donner, le service ne peut être suspendu ; la garde nationale doit continuer de subsister sous la forme actuelle jusqu'à sa réorganisation ; et ce serait méconnaître le but de la loi que de ne pas exécuter immédiatement celles de ses dispositions qui ne sont pas subordonnées à l'accomplissement de conditions préliminaires ou à l'expiration de certains délais. De ce nombre sont les articles relatifs à l'institution et à la mise en action des conseils de discipline, qui font l'objet spécial de cette instruction.

La loi admet des combinaisons différentes suivant l'étendue des cadres d'organisation.

1° Dans les villes où il existe une ou plusieurs légions, il y a un conseil spécial pour juger les officiers supérieurs et d'état-major qui ne sont pas justiciables des conseils de bataillon (art. 95). Ce conseil est composé de sept juges, tous officiers (art. 98), d'un rapporteur et d'un secrétaire également officiers ; de plus, dans les villes ayant plusieurs légions, il doit y avoir par conseil un rapporteur et un secrétaire-adjoint (101).

2° Chaque bataillon communal ou cantonnal a un conseil de sept juges (art. 94 et 97), avec un rapporteur et un secrétaire, mais point d'adjoints , à moins que la ville ne comprenne une ou plusieurs légions (101).

3° Dans les communes qui ont une compagnie ou plusieurs compagnies non réunies en bataillon, le conseil se compose de cinq juges. Il en est de même pour les compagnies formées des gardes nationaux de plusieurs communes (96), et, dans ce dernier cas , la commune la plus populeuse est le siége du conseil (99). Il y a aussi un rapporteur et un secrétaire qui peuvent être pris entre les sous-officiers (101, 102).

La composition des conseils de bataillons et de compagnies se modifie lorsqu'ils ont à juger des officiers , attendu que deux officiers du grade de l'inculpé doivent y prendre séance (100). Ces juges extraordinaires sont désignés, par la voie du sort, dans le canton, l'arrondissement ou le département (102).

Les rapporteurs et secrétaires sont nommés par les sous-préfets, sur des listes de trois candidats, que présente, pour chaque emploi, l'officier commandant (103). Lorsque les sous-préfets demanderont aux officiers les listes de propositions, ils auront soin de les rendre attentifs à l'importance du travail qui est confié aux rapporteurs et aux secrétaires. Les premiers reçoivent les plaintes , font citer

les inculpés, requièrent la convocation des conseils, y ex-
posent les faits, et provoquent l'application de la loi (111,
113). Les secrétaires enregistrent les pièces , en donnent
lecture au conseil (111, 118). Il entre aussi dans leurs
fonctions d'écrire les jugemens sous la dictée du président, et d'en délivrer les expéditions. L'exercice de ces
attributions exige beaucoup de soin, et suppose une instruction particulière : il est donc essentiel de ne les con-
fier qu'à des hommes dont la capacité soit connue.

Les personnes aptes à siéger, comme juges, dans les
conseils de discipline, sont désignées par le président du
conseil de recensement, assisté par l'officier du grade le
plus élevé, ou, à égalité de grade, par celui qui commande.
Ce sont, en premier lieu, tous les officiers, sous-officiers et
caporaux élus par leurs concitoyens, et ensuite des gardes
nationaux, en nombre double, pris sur le contrôle du
service ordinaire (105). Le président du conseil de recensement, dans les communes qui ne forment pas plus d'un
canton, est le maire; dans les villes composées de plusieurs cantons, les conseils de recensement sont présidés,
l'un par le maire, les autres par ses adjoints ou par les
conseillers munipaux qu'il délègue (13). Ces fonctionnaires font la liste, par grade et par rang d'âge, des personnes appelées, soit de droit, à raison de leurs grades,
soit par désignation. Dans le choix des gardes nationaux,
qui est laissé au discernement de l'autorité locale, il faudra préférer ceux qui, pouvant consacrer à ce service
une partie de leur temps, possèdent une instruction suffi-
sante, et ont su se concilier plus particulièrement l'estime
et la confiance de leurs concitoyens. Le tableau, conforme
au modèle ci-joint, présentera autant de colonnes qu'il y
a de grades, et une de plus pour les simples gardes nationaux; il sera déposé dans le lieu des séances du conseil
de discipline (art. 105).

L'obligation de prendre les gardes nationaux sur le
contrôle du service ordinaire serait un obstacle à la formation immédiate des *conseils de discipline* , s'il était nécessaire que ce contrôle fût préalablement dressé dans les
formes prescrites (art. 19); mais il est évident que la
loi, en permettant de proroger les organisations actuelles

(125) et les pouvoirs des officiers et sous-officiers (123), a reconnu à tous les chefs et gardes nationaux composant les corps dont l'existence sera ainsi consacrée, la capacité de remplir les devoirs et d'exercer les droits qui résultent de ses dispositions. Elle considère comme formant les contrôles du service ordinaire, les contrôles actuels des compagnies et bataillons, et elle admet même à y rester ceux qui, sans remplir les conditions qu'elle a fixées pour l'avenir, voudront continuer le service qu'ils ont fait postérieurement au 1er août 1830 (19). Rien ne s'oppose donc à ce que les contrôles des organisations actuellement existantes, lesquelles doivent subsister par la nature même des choses jusqu'au moment où elles feront place à de nouvelles organisations, et qui d'ailleurs pourront être provisoirement confirmées, servent à la composition des *conseils de discipline*.

Les juges sont pris sur le tableau d'après l'ordre de leur inscription (107), et renouvelés tous les quatre mois en totalité, lorsque le nombre des officiers du même grade le permet (104). En conséquence, le président du conseil de recensement devra notifier à l'officier appelé à exercer le premier la présidence, soit comme le seul du grade le plus élevé, soit comme le plus âgé de ceux du grade supérieur, que le tableau est déposé au lieu des séances, et que, sur la réquisition du rapporteur, il pourra convoquer le conseil dans l'ordre et suivant la composition indiquée par la loi (art. 95, 96, 97, 98, 100).

Les corps spéciaux, artillerie, sapeurs-pompiers et cavalerie, sont justiciables des mêmes conseils que les autres gardes nationaux de leurs communes ; et leurs officiers, sous-officiers, caporaux et simples gardes sont portés au tableau de roulement dans les mêmes proportions, à moins qu'ils ne soient formés en légion, bataillon ou escadron, ce qui, sur la proposition de MM. les préfets, leur donnerait le droit d'avoir un conseil particulier, à la composition duquel ils concourraient seuls. Dans les villes qui ont plusieurs bataillons, les compagnies spéciales sont rattachées, pour la discipline, à celui que désigne le préfet (106).

Je ne vous entretiendrai pas des dispositions relatives à l'instruction, aux jugemens, aux peines : la loi contient tous les développemens nécessaires ; il suffira de la mettre entre les mains des présidens et des rapporteurs, qui, pénétrés de l'importance de leurs fonctions, auront à cœur de les remplir avec autant de zèle que d'impartialité.

Aussitôt la réception de cette lettre, vous devrez transmettre aux sous-préfets et aux maires les instructions nécessaires pour la formation immédiate des nouveaux *conseils de discipline* partout où des légions, bataillons ou compagnies sont organisées. Vous ferez en sorte que ces conseils puissent être mis en action au plus tard le 1ᵉʳ mai prochain, plus tôt s'il est possible, et que le dépôt du tableau dressé en exécution de la loi, du nombre de gardes nationaux susceptibles d'être appelés aux fonctions du juge, soit affiché dans tous les lieux de réunion des conseils de discipline. J'attendrai donc de vous, le 1ᵉʳ mai, un *compte spécial et détaillé* des résultats de cette organisation.

Il sera nécessaire que je reçoive, par la suite, un compte périodique, mais rare, du mouvement des condamnations prononcées par les *conseils de discipline*. Rien ne sera plus propre à bien faire juger de l'esprit des gardes nationales de chaque département. Je me réserve de régler la forme de ce compte, dont vous recevrez le modèle.

Veuillez bien, monsieur le préfet, m'accuser la réception de cette lettre.

Agréez, etc.

DÉPARTEMENT
D

GARDE NATIONALE
D

TABLEAU

DES OFFICIERS, SOUS-OFFICIERS, CAPORAUX ET GARDES NATIONAUX

Qui sont appelés à former dans la commune d   le conseil de discipline d

(Indiquer ici si le conseil de discipline est de compagnie, de bataillon ou de légion.)

CHEFS DE LÉGION.	CHEFS DE BATAILLONS.	CAPITAINES.	LIEUTENANS.	SOUS-LIEUT.	SERGENS.	CAPORAUX.	GARDES NATIONAUX.	OBSERVATIONS.
								Nota. La dernière colonne, celle des Gardes nationaux, doit contenir deux fois autant de noms que toutes les autres ensemble. Les officiers, sous officiers, caporaux et gardes nationaux doivent être classés par rang d'âge dans chacune des colonnes où ils sont appelés à figurer (art. 105 de la loi). On supprimera les deux premières colonnes dans les communes où il n'y a point de bataillon, et la première seulement dans celles où il n'y a point de légion.

TABLE GÉNÉRALE

DES MATIÈRES.

Nota. Le premier numéro indique la page : le second , l'article de la loi du 22 mars 1831.

A.

C.

D.

E.

F.

I.

J.

L.

S.

V.

FIN DE LA TABLE DES MATIÈRES.

www.ingramcontent.com/pod-product-compliance
Ingram Content Group UK Ltd.
Pitfield, Milton Keynes, MK11 3LW, UK
UKHW022237120726
13694UKWH00003B/863